CHAMADOS A CANTAR A FÉ

Pe. Zezinho, SCJ
Pe. Joãozinho, SCJ

Chamados a cantar
A FÉ

*Encantos & Desencantos
de dois cantores da fé*

EDITORA
SANTUÁRIO

DIREÇÃO EDITORIAL:
Pe. Marcelo C. Araújo, C.Ss.R.

COORDENAÇÃO EDITORIAL:
Ana Lúcia de Castro Leite

COPIDESQUE:
Leila Cristina Dinis Fernandes

REVISÃO:
Ana Lúcia de Castro Leite
Cristina Nunes
Luana Galvão

CAPA E DIAGRAMAÇÃO:
Mauricio Pereira

PROJETO GRÁFICO:
Pe. Zezinho, scj
Pe. Joãozinho, scj

Dados Internacionais de Catalogação na Publicação (CIP)
(Câmara Brasileira do Livro, SP, Brasil)

Almeida, João Carlos; Oliveira, José Fernandes.
 Chamados a cantar a fé: encantos & desencantos de dois cantores de fé / Padre Joãozinho, Padre Zezinho. – Aparecida, SP: Editora Santuário, 2013.

 ISBN 978-85-369-0311-8

 1. Espiritualidade 2. Fé 3. Jovens – Conduta de vida 4. Louvor a Deus 5. Música – Aspectos religiosos I. Joãozinho. II. Título.

13-06618 CDD-248.3

Índices para catálogo sistemático:

1. Louvor a Deus: Cristianismo 248.3

3ª reimpressão

Todos os direitos reservados à **EDITORA SANTUÁRIO** – 2014

Composição, CTcP, impressão e acabamento:
Editora Santuário - Rua Pe. Claro Monteiro, 342
12570-000 – Aparecida-SP – Tel. (12) 3104-2000

SUMÁRIO

Apresentação 11

Recado aos novos comunicadores da fé 13

Encantos & Desencantos de Pe. Zezinho, scj............................. 15

1. Parar de cantar aos poucos 17
2. Outro projeto 18
3. Cantar é secundário 20
4. Um livro que não será lido 21
5. Semeadores de cantossanto.. 23
6. Chamados a cantar a fé 26
7. Cantar a convite das igrejas.. 28
8. Aprendi que precisava aprender 30
9. A Cristo pela canção 33
10. Cantores do céu.. 37
11. Cobrar para cantar.. 39
12. Cantar, cantar e cantar 42
13. Canções que nada dizem.. 44
14. Cantores desafinados 46
15. O chamado à síntese 48
16. Os cantores do reino 53
17. Vestidos de conteúdo 55
18. Canção de católico.. 57
19. Visão de catequista insatisfeito 64

20. Os porquês do catequista cantor.................................58
21. As coisas que cantei e canto..................................70
22. Cantar o dia a dia...71
23. Escolheram o louvor...72
24. De formigas e de folhas..73
25. Cantores desunidos..75
26. Os novos cantores da fé 73
27. Chamem os cantores...80
28. Herdeiros de Santo Efrém......................................83
29. Verdades sobre a música católica............................85
30. Cantar sem esperar aplausos 88
31. Canção de aproximar..90
32. A canção que separa...92
33. Meio famoso, meio anônimo 93
34. Apenas um rio que passa 96
35. Canção que, às vezes, dói......................................98
36. De Puebla a Aparecida 99
37. Cantores, abram suas Bíblias............................... 101
38. Cantar não muda muita coisa............................... 108
39. Trabalhadores a serviço da emoção 110
40. Afirmar a identidade 111
41. Fechamentos e retaliações................................... 112
42. O demônio da vaidade 113
43. Ser cantor religioso.. 115
44. Ministros da canção religiosa 117
45. O canto dos outros 118
46. Fome de repercutir... 120
47. O sonho de cantar para milhões............................ 122

48. Números que passam 124

49. Cantar é optar 125

50. Cantores do mundo e cantores do céu 127

51. A vocação de cantar 130

52. Testemunho de conversão 131

53. A música levada a sério 132

54. Pregadores intérpretes e cantores 134

55. Mudar a canção dos outros 139

56. Canção insuficiente 142

57. Adjetivo controvertido 144

58. Púlpitos em competição 146

59. A música sacra está de volta 149

60. O lúdico e a fé 150

61. A dança diante da arca 152

62. Entre o espetáculo e a doutrina 154

63. O canto glorioso dos vencedores em Cristo 155

64. Exibição de voz 157

65. A culpa dos programadores 159

66. O lugar do leigo cantor 160

67. Quando o padre rouba a cena 162

68. A vez dos leigos 164

69. Quando o leigo rouba a cena 166

70. Dois tipos de canção profética 168

71. Cantar a teologia 170

72. Deletar o outro 172

73. Na hora certa e do jeito certo 174

74. Canções heréticas 175

75. A canção que leva ao pecado 178

76. Catequese em canção 180

77. A Palavra de Deus e o marketing 181

78. Cantores em busca de público 183

79. Cantores em busca de lucro 185

80. Alianças com o mundo 187

81. Direitos de cantor, direitos de pregador 189

82. Midiáticos e não midiáticos 190

83. Os perigos da mesmice 192

84. Louvadores radicais 194

85. Cristianismo solidário 196

86. Cantores do social 200

87. Canção que nasce da Eucaristia 201

88. Compor para a liturgia 203

89. Entre o som e o conteúdo 206

90. Teimosamente em favor dos pobres 210

91. Cantar o amor romântico 212

92. O carteiro arredio 214

93. Histórias que eu conto e canto 215

94. Frases do autor 217

95. Faltou-lhes conteúdo 223

96. A linha da sensatez 225

97. O dinheiro da pregação 232

98. A canção e seus muitos tropeços 235

99. Prece pela unidade dos cantores 238

100. Canção de paz inquieta 240

101. Meus cinquenta anos de canção 242

Conclusão de Pe. Zezinho, scj

Há cantores que apenas cantam.

E já é muito!

Há cantores que, além de cantar, falam.

Há pregadores que apenas pregam.

E já é muito!

Há pregadores que, além de pregar, cantam.

E há os que partilham suas experiências.

Mas isso depois de muitos anos de estrada.

Escrevemos para os que nos pediram este livro,
principalmente para os que já descobriram
que cantar tem graves consequências!

Mais do que lindo
é altamente comprometedor!

Pe. Zezinho scj

APRESENTAÇÃO

Pe. Zezinho, scj

Este livro engloba artigos e programas de rádio e televisão que conduzi a respeito do tema "evangelizar pela música". Publico-os na esperança de ser útil aos que desejam fazer da canção religiosa um serviço, uma ciência e um modo de amar a Igreja. Não pretendo saber mais do que outros que trilharam os mesmos caminhos que eu. Mas, dadas as distâncias e o tempo, penso que minhas palavras têm sua razão de ser. Cumpro minha missão: passo a outros que começam um pouco de meus 50 anos de estrada e de tentativa de cantar a catequese católica. Outros dirão o que para eles é e foi cantar a Palavra. Eu o digo neste livro!

RECADO
AOS NOVOS COMUNICADORES DA FÉ

Pe. Zezinho, scj e Pe. Joãozinho, scj

Nós, pregadores, que estamos chegando aos cinquenta anos ou já passamos dos setenta, precisamos tomar cuidado ao analisar quem nos sucedeu ou está a suceder. São jovens sacerdotes, religiosas e leigos cheios de entusiasmo e fé. A vez não deixou de ser nossa, mas aos poucos será mais deles do que nossa. Vêm de seminários diocesanos, congregações e ordens religiosas e de movimentos de espiritualidade para leigos. É a nova geração de catequistas e pregadores da fé em Cristo. Alguns deles reúnem milhões de fiéis encantados com sua juventude, talento e entusiasmo.

Esse fenômeno não é novo. Há séculos que pregadores famosos reúnem multidões. A diferença piramidal e homérica são os modernos e sofisticados púlpitos atuais que atingem 50 a 100 milhões de pessoas. Também não era novidade a figura do pregador das elites ou da corte. Estar na grande mídia hoje é estar no topo. Equivale às cortes de antigamente, porque a grande mídia laica confere status. O preço do cantor se multiplica a 500 ou 1.000 por cento. Pregadores que chegam a esses patamares ascendem à categoria de superastros da fé.

No que é positivo devemos apoiá-los, elogiá-los, tornar sua missão um pouco mais fácil do que talvez tenha sido a nossa e, se possível, encher os púlpitos, templos, palcos, gravadoras, emissoras e editoras de novos comunicadores, leigos e religiosos. A Igreja não tem escolha. Precisa deles e dos ainda ontem chamados *mass media*, preferencialmente os dela. Mas se algum jovem pregador achar uma brecha em veículos laicos e entender que pode emprestar seu rosto, sua imagem e seu talento para aquelas empresas, deve fazê-lo, desde que tenha estofo para uma carreira de artista da fé.

Aí, está o X da questão: Devem expor-se, desde que isso não comprometa nem a imagem dele ou dela, nem a imagem da Igreja. Velhos comunicadores devem incentivar os novos, mas não devem ter medo de opinar, quando veem sinais de perigo para a Igreja. E há perigo num horizonte bem próximo. Para isso vale a experiência de, no mínimo, 40 anos de catequese e de estudos. Criticar sem fundamento é cruel, mas omitir-se e não alertar o jovem pregador de agora também pode ser funesto para a Igreja. Se o jovem não quiser ouvir, pelo menos o velho pregador não teve medo e não se omitiu. Lembra a função do pai ou avô lúcido que só se envolve quando vê que os mais novos estão cruzando a linha do sensato.

Encantos & Desencantos de
JOSÉ FERNANDES DE OLIVEIRA

Pe. Zezinho, scj

1
PARAR DE CANTAR AOS POUCOS

PZ

Avancei devagar, muitas vezes a divagar. De divagação em divagação, de viagem em viagem, no silêncio de carros e aviões, na espera pelo embarque, rabisquei, anotei, gravei, pensei. Cheguei a teorias e reflexões. Estão registradas em livros, artigos, programas de rádio e televisão e em aulas. Devem haver outros autores com visão bem mais interessante do que as minhas sobre a catequese e, nela, a música católica no Brasil e no mundo. Se os conhece, passe adiante, porque eles devem ter sofrido o suficiente para escreverem o que escreveram. A canção sincera e desprendida costuma doer. Em mim doeu e ainda dói; ela me fez feliz, mas deixou inúmeras cicatrizes.

Alguém me perguntou um dia se já havia pensado como seria a vida do Padre Zezinho sem a canção. – A mesma! – respondi. Não sei o que pensam os outros irmãos de sacerdócio a quem Deus deu a graça de compor e de cantar para evangelizar, mas estou dizendo há 50 anos – e alguns deles não eram nem nascidos quando eu assim falava – que *"não sou padre porque canto: canto porque sou padre"*. Alguns jovens padres cantores de agora a têm repetido em entrevistas; sinal de que também eles pensam como eu. Deve ser este o pensamento de todo e qualquer sacerdote que canta. Para mim é um chamado e um serviço, mas a canção não é minha identidade. Vivia bem sem ela e posso viver sem ela. Foi e será sempre um instrumento que, de bom grado, passei e passo a outras mãos.

2

OUTRO PROJETO

PZ

Quando terminei meu curso de teologia, nos anos 1960, eu sonhava um doutoramento em psicologia e ciências sociais, mas meus superiores foram sábios; pediram-me que me dedicasse aos jovens e a suas famílias. Naquele momento era mais urgente. Segundo eles, o tempo diria qual dos caminhos seguir. Além do mais, existem livros... Deus se serviu do tempo para me mostrar um caminho que eu jamais imaginava. Aos poucos a canção foi aparecendo e tomando força em minha pregação. Com ela, os livros. Com eles, o rádio e a televisão. Com eles a mídia e os shows.

O título de doutor nunca veio. Literalmente, nunca tive tempo! Já não sonho mais com ele. Significaria mais leituras e mais estudos, algo que gosto imensamente de fazer, mas a Igreja ainda me solicita demais para que eu tire cinco anos dela em proveito de meu sonho. Mas com ou sem doutorado, terminei editando mais de 300 obras entre livros e álbuns de canções. Nunca parei de ler e de estudar. Faz anos que ando martelando a frase: *"Não tem que ser doutor: tem que ser é leitor!".* Evangelizador alfabetizado vai ter de ler. Ou isso, ou marcará passo! Pior ainda: acabará inventando coisas e dizendo que elas vieram do Espírito Santo. Em alguns casos, posso crer que tenham vindo dele, mas, na maioria dos casos, sou arguto o suficiente para ver que é falta de leitura.

Releio e treleio Paulo: 2Tm 3,14-17.

Tu, porém, permanece naquilo que aprendeste e de que foste inteirado, sabendo de quem o tens aprendido. Desde a tua meninice conheces as sagradas Escrituras, que podem fazer-te sábio para a salvação, pela fé que há em Cristo Jesus. Toda a Escritura é divinamente inspirada, e proveitosa para ensinar, para redarguir, para corrigir, para instruir em justiça; para que o homem de Deus seja perfeito e perfeitamente instruído para toda a boa obra.

Talvez isso responda aos que perguntam de onde veio tanta inspiração, se é que foi tanta... Eu punha na pasta de minha fé as informações que recebia e, quando Deus queria inspirar-me, ele sabia onde eu guardara aquelas luzes que ele mesmo me dera por meio dos autores que eu lera. Não me dava luzes novas; trazia à tona as antigas. Não digo que minhas canções foram e são melhores que as de outros, mas, se tantos elogiam aqueles textos, deve ser porque têm algum conteúdo eclesial: fui buscá-lo nos outros. Agora mesmo acabei de comprar G. K. Chesterton: *O Homem Eterno;* José Antonio Pagola: *Jesus, Aproximação Histórica,* e três outros livros de História. Minhas canções nascem de minha busca de aprofundamentos.

3

CANTAR É SECUNDÁRIO

PZ

Para mim a canção foi sempre secundária, embora tenha sido ela que me introduziu às Igrejas, ao país e ao mundo. Agora, quando estou fazendo o que posso para ser cada dia menos notado e menos notório, e enquanto vejo colegas de sacerdócio assumindo corajosamente a fama, a notoriedade e os holofotes, brinco serenamente ao dizer que estou sumindo devagar. É opção pessoal. Tenho livros a escrever e coisas a dizer. Pouco a pouco retiro-me das luzes e saúdo os que chegam, dispostos a enfrentá-las. Nunca deixo de avisar aos que me respeitam como mestre e amigo, que estão montando um cavalo xucro. A mídia é imprevisível; e seus corcoveares e coices, às vezes, derrubam e ferem. Mas se é isso que querem, Deus os abençoe. Falo também das formigas que cortam folha maior que podem carregar e acabam abandonando-a pelo caminho por não resistirem ao vento que soprou mais forte! Leciono Prática e Crítica de Comunicação há 32 anos. Sei da beleza e das dores de cantar para libertar um povo. Acho que tenho algo a dizer aos cantores de agora, mas se não quiserem me ouvir, ao menos prestem atenção nos peões e nas formigas...

Há novos peões na arena. Este peão aqui passou dos 70 anos com histórias para contar. E é delas que me ocuparei neste livro que versará sobre a música católica e os que a promovem.

4

UM LIVRO QUE NÃO SERÁ LIDO

PZ

Um colega sacerdote, desses amigos cáusticos que a gente não larga, mesmo quando falam para ferir, perguntou-me se eu tinha ilusões de que seria lido pelos novos cantores e músicos; a cabeça deles está em outra literatura e outros mestres. Muitos deles simplesmente não leem quase nada! Sendo ele psicólogo e sabendo de sociologia como sabe, alertou-me para uma verdade. Livros como este raramente passam de mão em mão. Ficam nas estantes de uns poucos que se interessam por estudar pastoral. Este livro tem este cunho. Sou aquele que veio antes, falando com quem veio e virá depois de mim. Coloco meus 50 anos de serviço à canção religiosa e meus 70 anos de vida à disposição de quem quiser me ouvir e ler.

Mas concordo: este livro talvez não repercuta. Há sempre o risco de ser engavetado antes de ser lido. Como tive outras obras que passavam de mão em mão, posso imaginar que este, talvez, siga o mesmo percurso: desperte curiosidade! Se não seguir, será mais um volume de biblioteca escrito por um irmão que desejou informar e pensar a música católica.

Se cem músicos e cantores o tiverem lido, terei provocado cem músicos e cantores católicos e, de quebra, alguns evangélicos. É numero maior que eu atingiria se guardasse este volume numa gaveta. O livro está lançado! Mas já sei de um razoável número de cantores e músicos que, ao saber do que eu escrevia, disseram que o leriam, ao menos para debater comigo. Conhecem meu estilo.

Eles sabem que não sei tudo, mas sabem que sei um pouco mais que eles sobre as dores e as cruzes da Palavra e da Canção. Não se passa ileso por 50 anos de altar e de palco!

5

SEMEADORES DE CANTOSSANTO

PZ

Conto-lhes uma parábola. Em algum lugar do mundo estão querendo fundar uma associação de *"Semeadores de Cantossanto"*, mas está muito difícil conseguir consenso. Milhares deles ainda não entenderam o que significa semear *cantossanto* e recusam-se a aprender com os outros. Agem como se eles tivessem descoberto a semente ou até afirmam ter chegado primeiramente. E há os que dizem que só depois deles a semente adquiriu qualidade...

É muito bonita a árvore do cantossanto. Dizem que seu fruto alimenta a alma. Tem diversos tamanhos, cores e sabores. Mas, bem cuidada, produz frutos que acalmam e motivam a pessoa. Na Itália chama-se *Albero di Santocanto*; na Alemanha, *Heiligliedbaum*; na França *la Saintchanson*; na Inglaterra e nos Estados Unidos: *Holysong tree*; e no Brasil alguns a chamam de *Cantossanto*.

Não se sabe quem foi o primeiro a semeá-la, mas ela existe há séculos em todos os países do mundo e sempre alimenta a alma do povo na hora da alegria, do louvor, da dor e da esperança. No Brasil, muitos semeadores a trouxeram dos mais diversos países e cada qual semeou de seu jeito, criando novas espécies. Hoje, porém, a quinta e a sexta geração de semeadores nem sequer sabem quem trouxe, de onde trouxe e por que adaptou seu plantio. Os pioneiros foram esquecidos.

Um dia, apresentaram a alguns jovens semeadores da quinta geração um desses semeadores do passado, tido como pioneiro de uma das formas de semear o cantossanto no Brasil. Um adolescente de um grupo recém-formado, desses que não estão nem aí para o passado, disse-lhe à queima-roupa:

– Puxa! O senhor ainda existe? Minha avó e minha mãe falam de você, mas achei que você já tivesse morrido. Lá em casa ainda há alguns frutos do cantossanto que você semeou.

O velho semeador sorriu, esfregou o topete do adolescente topetudo e disse:

– Viu só como alguns semeadores duram? Tomara que um dia alguém diga isso para você e os frutos de seu cantossanto durem uns cinquenta anos.

A conversa prolongou-se e aqueles adolescentes ficaram sabendo:

– que é meio arriscado considerar-se pioneiro de algo que existe há milhões de anos;

– que o mundo tem milhões de semeadores de cantossanto e o modo de plantar, regar, enxertar e cultivar pode fazer a diferença entre um fruto e outro;

– que não é fácil cuidar do cantossanto;

– que às vezes o semeador morre antes da árvore e outras vezes a árvore morre antes do semeador e nem chega a dar frutos;

– que há semeadores garantindo que o fruto deles é mais suculento, mais doce e mais duradouro, porque é mais do céu e fica mais tempo iluminado pelo sol da fé;

– que há semeadores desprendidos que não fazem questão de título ou de diploma, nem de reconhecimento. Para eles, basta saber que o fruto deu certo e que hoje milhões os semeiam, milhões os saboreiam, milhões se encantam com eles e que, por mais defeitos que tenham, são frutos a ser semeados e distribuídos.

Há hoje, no mundo, muitas indústrias de cantossanto que, de certa forma, viraram produtos de exportação e competição. E isso tem causado conflitos, porque, às vezes, excelentes frutos não chegam a determinados lares, pelo fato de algumas distribuidoras só oferecerem o produto nascido em seu quintal... Por mais qualidade que tenha o cantossanto do outro, elas não o divulgam. Não se afinam com ele e, além do mais, divulgar o cantossanto dos outros não lhes dá lucro.

É sobre o cantossanto que virou indústria que pretendemos falar neste livro ao qual demos o título de *Chamados a cantar a fé.*

Venha conosco! Queremos introduzi-lo à mística e à ética da semeadura e do cultivo do cantossanto. Falaremos por parábolas e às vezes abertamente. Se formos lido ainda que apenas por mil semeadores, teremos chegado muito longe. Entendemos que o cantor, além de cantar, também deve falar. Neste livro, falamos!

6

CHAMADOS A CANTAR A FÉ

PZ

1. Porta-vozes: Cantores que optaram pela canção religiosa e entendem seu chamado costumam fazer canções que nascem de sua experiência pessoal ou da experiência da comunidade. Sentem-se porta-vozes. Vão lá, observam, aprendem, inspiram-se e escrevem uma melodia e um poema, na esperança de que sua mensagem musicada ajude o povo a celebrar a vida.

2. Porta-vozes eucarísticos: Alguns se dedicam apenas e exclusivamente a compor músicas litúrgicas; querem viver de cantar para o culto eucarístico e para as celebrações de louvor de seu povo. E escolheram o louvor que liberta.

3. Porta-vozes de mudança: Outros se dedicam a canções de mensagens sociais, políticas e pedagógicas para levar o povo às festas, às danças, às manifestações políticas, para conscientizar, catequizar e levar ao Evangelho. Escolheram a solidariedade que liberta.

4. Cantar para libertar: Não importa o enfoque, o fato é que todo cantor religioso tem enorme tarefa em mãos. Cantar para levar o povo a pensar em Deus, no Cristo, em seus santos, e a buscar um jeito de fazer história.

5. Cantores e profetas: Canções não mudam o mundo, mas já ajudaram muita gente a redescobrir seu lugar na vida. Por isso, o cantor religioso é um profeta. Há profetas maiores na Igreja, mas cantar, embora seja profecia pequena, é uma das profecias que mais chega aos ouvidos do povo. O canto põe um adjetivo bonito e qualificativo no substantivo fé.

6. Cantores que dizem sim: Se Deus chamar você para ser escritor, compositor ou cantor religioso, diga sim. Mas, por favor, leia muito e estude muito. Não cante apenas o que gosta e o que sente, nem somente as canções de seu movimento. Seria fechamento e sectarismo. Terá de escolher entre ser cantor de seu movimento ou de toda a Igreja.

7. Cantores que ouvem os outros: Sem ler e ouvir os outros, sem aprender com outras cabeças e outras expressões de fé, seu canto será limitado. Cantar é uma das formas mais exigentes e mais bonitas de profecia na Igreja de nossos dias. Mas tem de ser um canto verdadeiramente profético e abrangente, a menos que você queira *cantar seu canto apenas de seu canto e apenas para os de seu canto!...* Ore para que Deus lhe dê instrumentos, microfones, câmeras e cabeça, todos eles bem abertos...

7

CANTAR A CONVITE DAS IGREJAS

PZ

A um casal de jovens que, para um trabalho de faculdade, me entrevistava sobre a música religiosa no Brasil, mostrei os trilhos da Central do Brasil que passam ao fundo de nossa casa. Naquele momento, passavam cerca de 120 vagões, puxados por quatro locomotivas. Disse-lhes: – *Se querem saber qual foi meu papel nessas décadas de canção religiosa no Brasil, olhem as locomotivas. Eu fui uma delas.*

Fiz parte dos primeiros que arriscaram enveredar pela mídia, pela canção litúrgica e política, canção pedagógica e pastoral, livros, artigos, revistas, jornais, rádio, shows em praças e estádios, dias de formação, ir ao povo, cantar, dançar, pregar, fazer pensar, divulgar os documentos da Igreja. Nunca disse que fui o único, nem o primeiro. Estive entre eles.

Naquele tempo, era novidade. Provocava, causava impacto, fazia bem. Era o novo e desconhecido desafiando o conhecido. Fui apoiado, criticado e desafiado. Não havia nem há como nos defender, quando alguém dá notícias a nosso respeito ou escreve, em livros e biografias, frases e palavras que nunca dissemos. Ainda hoje soube pelo Luan e pela Vanessa, que moram no Texas, EUA, que lá alguém espalhou que eu deixei a Igreja e me casei. Já faz anos que roda por lá essa calúnia. Nem filmes e fotos atuais de missas que celebrei e shows que fiz os convencem. Por frases que um jornalista disse que eu dissera, mas eram calúnias, recebi artigos violentos contra meu modo de agir. Mas havia e há bispos e superiores apostando em mim.

Dias atrás, num programa aberto de rádio, uma ouvinte perguntou por que eu não celebrava missas na televisão, porque ela nunca me viu celebrar em nenhum canal. Respondi que não sou convidado. Se for, irei! Então celebro em viagem e onde me chamam. E o motivo é que há padres suficientes para celebrar missa na televisão, mas para fazer o que faço há menos, então pedem de mim o que mais ajuda seu projeto de comunicação.

Mas também sou bom de celebração. É só convidar que vou!... Haviam espalhado a notícia de que, porque não sou visto celebrando na televisão, eu não celebro missas. Respondi entre irônico e triste que também não sou visto escovando os dentes na televisão, mas isso não significa que não os escovo!... No Brasil entrou esta mania, até entre religiosos, que se você não faz diante das câmeras, você não faz, e que se você não é visto na televisão, você não repercute!

8

APRENDI QUE PRECISAVA APRENDER

PZ

Nunca deixei de consultar e ouvir as autoridades e os colegas mais cultos. Li avidamente seus livros. Eles sabiam mais, mas quem repercutia mais era eu. Precisei da sabedoria deles e de leigos experientes, como o José Scatena, o Haroldo Galvão, o Maugeri Neto, todos de saudosa memória, advogados, comunicadores, radialistas, professores, para saber lidar com as massas e falar àquela multidão que me procurava para ouvir minhas canções. Eu as tinha, mas com elas tinha também documentos da Igreja para divulgar, caso contrário nunca saberiam da existência de tais escritos do papa, porque o brasileiro nunca foi muito de ler. Pois bem, se o povo não lia, eu resumiria o que os bispos, o papa e os teólogos estavam dizendo. Dizia isso após cada canção. Foi minha opção: Cantei para divulgar a catequese. Não fiz outra coisa senão isso!

Mais pregador que cantor

Deu certo. Sempre fui mais pregador que cantor, até porque a Igreja, no dia de minha ordenação, não pôs um violão em minhas mãos. Saí de lá com um pedaço de pano, com o qual um bispo enxugou minhas mãos ungidas; um cálice, que foi presente de um padrinho; vestes sacerdotais e uma Bíblia. Não me deram a missão de cantar. Isso veio depois e tive sempre o cuidado de nunca levar discos ou CDs para o púlpito e para o altar. Não é lugar deles!

Tão logo pude, deixei de cantar nos templos. Nem violão eu levava comigo. Preparei jovens para isso. Entendi que minha missão era "mais fazer cantar e ensinar a cantar que cantar". Nunca aceitei o papel de cantor, nem no altar, nem no palco. Era e sou sacerdote, educador, pregador, escritor, articulista, professor, catequista, formador e, às vezes, cantor, se o povo me quiser cantando. Sempre foi assim. Das trinta canções de um show, canto oito, e, as demais, quem as canta são o povo e os jovens cantores. Quem canta comigo tem nome e não canta atrás de mim, e sim a meu lado. As melhores canções, às vezes, eu deixo com eles.

Pouco marketing

Marketing? Pouco! Não aceito fotos grandes de meu rosto no palco. Já esperei que tirassem um painel de três metros com meu rosto atrás do altar e, do palco, outro ainda maior, antes de começar minha função. Disseram que outros padres permitiam. Respondi que *"Deus dá uma bússola a cada um de nós e que todas elas apontam para o Norte, mas o caminho, cada qual faz o seu".*

Imagem e mensagem

Escolhi não me expor em determinadas mídias e não trabalhar minha imagem, e sim minha mensagem. Quero minha imagem menor que minha mensagem, quero o mensageiro menor que a mensagem.

Parando de cantar

Esses dias, resolvi desacelerar meu ritmo e ir parando aos poucos de cantar. Não disse que pararei da noite para o dia. Em 50 anos de padre e de canção e liderança nessa pastoral, acho que tenho o direito a outros enfoques. Ando escrevendo mais. Este livro é um deles, além de uma trilogia que ascende a quase 1.200 páginas. Cantarei cada vez menos. Escreverei muito mais e, enquanto viver, o povo de Deus vai achar-me comunicando e trabalhando, mas viajando menos. Irei a alguns lugares, mas escreverei muito mais e falarei ainda mais no rádio e na televisão.

É opção. A Igreja precisa de cantores, mas também de pregadores, escritores comunicadores e professores de comunicação. A canção católica parece ter atingido um patamar que repercute. No que puder, quero meu povo lendo mais. Meus dedos tocarão muito mais o teclado de um computador que um violão ou um microfone. Depois de 50 anos, acho que devo, acho que posso!

9

A CRISTO PELA CANÇÃO

PZ

Aos cantores, a quem interessar possa!

Tenho ouvido o testemunho de muitos irmãos e irmãs que me garantem que uma de minhas canções os aproximou da Igreja e de Cristo. Encontro católicos e evangélicos que me garantem que sua atual experiência de fé foi sacudida pela letra e pela melodia desta ou daquela canção que ouviram. Não há uma viagem na qual não ouça tais depoimentos. Há os vocacionados que falam de alguma de minhas mais de 200 canções sobre Jesus e sobre a vocação de anunciá-lo. Há os casais que se reconciliaram, após me ouvirem cantar algumas das minhas mais de 80 canções sobre a família. E há marianos agradecendo minhas mais de 70 canções marianas. São muitos, também, os que me dizem que eu não faço ideia do quanto minha canção tem feito bem para nosso povo. E não faço mesmo!

Canção que é dada ao povo

Uma vez escrita, gravada e cantada, a canção sai do cantor. Aonde vai o pássaro que liberamos da prisão, o peixe que devolvemos ao rio e a canção que foi impressa num CD ou transmitida pelo rádio, ninguém sabe. Também não sabemos aonde vai a palavra que pregamos no rádio, no livro, na revista ou na televisão. Por isso, precisamos saber o que dizemos; por isso, convém documentar o que foi dito. Não basta o *"Jesus me disse"* ou o *"eu acho"*, ou o *"eu vivi isso!"*. Deus não nos chama para cantar para nós mesmos ou sobre nós mesmos. Também o pregador não é ordenado para pregar o tempo todo e a cada sermão sobre si mesmo e sobre sua família ou sobre sua infância. Somos chamados a transmitir, não nossa riqueza interior, mas a riqueza da Igreja e as riquezas do Cristo. Pregadores precisam tomar cuidado para não se tornarem repetitivos demais: acabariam infantilizados e tautológicos, porque sem livros, sem crescimento e sem raciocínios posteriores. Psicólogos explicam como se dá essa infantilização.

Canção fundamentada

Testemunhos, opinião própria às vezes ajudam, mas tem de haver doutrina que vem de longe, cheia de conteúdo, que passou pela Igreja e por gerações de teólogos. Se quisermos ser sólidos, é melhor que cantemos o que a Igreja ensina há séculos pela voz do papa, dos bispos e dos teólogos. Não pode ser apenas o que sentimos naquele momento. Não somos nem devemos querer ser parâmetros!

Fico, pois, feliz quando ouço que alguém se inspirou numa canção que escrevi. Apresso-me sempre a dizer de onde tirei aquelas ideias e os remeto ao livro, ao documento, ao trecho da Bíblia ou a alguma doutrina da Igreja que eu quis musicar como catequista, padre e compositor-cantor que me tornei. Se meu canto deu certo e fez algum bem, deve ser porque veio escudado no falar e no pensar da Igreja.

Há mais de trinta anos compus uma canção que ainda hoje se canta e, pelo que vejo, ainda faz pensar:

Amar como Jesus amou.
Sonhar como Jesus sonhou.
Pensar como Jesus pensou.
Viver como Jesus viveu.
Sentir o que Jesus sentia.
Sorrir como Jesus sorria.
E ao chegar ao fim do dia
eu sei que eu dormiria muito mais feliz!

É o que penso da canção que leva ao Cristo. Tem mais de Jesus, de Deus e do outro do que de "eu". Pode-se cantar o "eu" como ponto de partida, mas tudo o que pudermos fazer para que o outro sinta que é para Deus que estamos apontando, devemos fazer. O que vem da Igreja o levará a Deus com muito mais conteúdo. Aliás, quanto mais o desviarmos de nosso "eu", maiores as chances de nosso canto dar certo. Foi por isso que jamais aceitei ajuda de agente de publicidade ou de marketing e fujo de excesso de exposição de minha pessoa e de minhas canções.

Acredito em riachos canalizados, mas também acredito na sede do povo. Se ele souber que em algum lugar existe uma água pura e de boa qualidade, ele vai procurá-la de vasilha em punho.

A canção que leva a Jesus pode ser como água pura tratada e engarrafada, que alguém oferece e vende. Isso é bom. Mas pode também ser como fonte, aonde o povo vai buscar, ele próprio, daquelas águas, porque alguém foi lá e espalhou a notícia...

Tenho tentado seguir por esse caminho. Faz 50 anos que tem dado certo. Não tenho e-mail pessoal, não dou o número do telefone, não peço que me convidem, mas as pessoas descobrem como chegar a mim. É que há outro marketing que também funciona: o da força da mensagem, exatamente porque 95% dela não veio de mim.

Quando me pedem que lhes fale ou lhes cante, fico mais tranquilo. O esforço que fizeram me convence de que desejam ouvir minha pregação. Podendo ir, vou e falo de Jesus e da Igreja. O que Jesus me diz, eu jamais digo a eles. Mas digo o que Ele disse a gente mais santa que eu; e o diz por meio da Igreja.

Minha canção tem "eu", mas se alguém prestar atenção, verá que estou falando como se eu fosse o outro! Sou catequista e porta--voz. É o que pretendo ser enquanto cantar ou escrever para meu povo!

10
CANTORES DO CÉU

PZ

Houve um dia no céu que Deus decretou como o dia da música. Era o dia dedicado aos cantores da fé. Os santos judeus reuniram-se e nomearam Davi, o rei cantor, que logo chamou os Filhos de Coré e todos os cantores e cantoras e instrumentistas que durante séculos tornaram a música de Israel um dos mais eficientes métodos de levar a fé ao povo hebreu. Os santos cristãos nomearam Efrém, o diácono que transformou a música católica em catequese. Este ecumenicamente chamou santa Cecília, São Francisco de Assis, Palestrina, Bach, Händel e uma centena de santos cantores, compositores e instrumentistas que, nas Igrejas Católica, Ortodoxa, Evangélica e nas mais diversas religiões, levaram o povo a transmitir e buscar a verdade cantando.

Fizeram um congresso com a presidência de honra de Paulo de Tarso, um excelente escritor de poemas que viraram hinos, sobre a importância da música como meio de aproximar as pessoas, de levar ao perdão, ao êxtase e ao arrependimento, de louvar e agradecer, de orar com mais disposição e de passar verdades da fé. Todos reconheceram, até mesmo os santos mais desafinados, que a música os ajudou a ir para o céu. Havia os humildes que cantaram sem nenhuma pretensão, os que não desprezavam uma plateia, um palco e um aplauso do povo, e que, vaidosos no começo, acabaram entendendo que cantar é uma coisa e aparecer é outra: converteram-se. E havia os que atribuíram sua conversão a uma música bem cantada na hora certa e do jeito certo. Foi um dia de música e dança no céu, porque os santos haviam dançado ao comando de Davi com sua flauta e de um santo hindu, cujo nome não recordo agora.

Aí eles olharam para a Terra e disseram: – Eles deviam fazer isso. Os Cantores da Fé lá na Terra deviam deixar de lado sua vaidade, seu desejo de aparecer, suas linhas e teimosias e sua mania de cantar só as canções de seu grupo ou de sua igreja. Parecem galos, cada um cantando em seu terreiro. Deviam criar um Céu já na Terra com sua canção. Encarregaram um anjo de soprar nos ouvidos de alguns deles a ideia de fazer shows ecumênicos, convidar cantores de todas as igrejas para louvarem juntos o Senhor, lutarem juntos pelos pobres e pelos jovens e, quem sabe, mudarem a cabeça dos pregadores que ainda teimavam em jogar uma igreja contra a outra ou um grupo de igreja contra o outro. Era só deixarem de lado as músicas que separam e cantar as que aproximam.

Daquele dia em diante ficou decretado que no Céu o dia da música seria o dia da Humildade e da Unidade. Na Terra passou a ser o Dia do Diálogo. E os anjos que já cantam há milhões e milhões de anos cantaram o *Gloria In Excelsis Deo*, em todas as línguas da Terra e na língua do céu. Deus Pai, que também faz música desde o primeiro minuto da criação, aplaudiu e lhes emprestou uma de suas partituras. Desde então quem leva a música a sério faz questão de se reunir para saber o que é que Deus está soprando nos ouvidos de seus colegas.

11
COBRAR PARA CANTAR

PZ

Motivo de acirrados debates e até de ofensas tem sido, em alguns setores da Igreja, o fato de cantores da fé pedirem o que consideram justa retribuição por seu serviço. Sacerdotes recebem, diáconos recebem, médicos e servidores do povo recebem. O operário é digno de seu sustento (Mt 10,10). Também os cantores da fé.

O debate é mais quanto ao preço que quanto à retribuição. Há quem ache exagerado determinado preço de show ou apresentação, certamente por achar que aquela pessoa ou aquele grupo não vale o preço que pediu. Podem ter razão e podem estar sendo injustos. Se os cantores se oferecem, não poderão nunca estipular preço fixo. Terão de negociar, posto que estão procurando trabalho para, com isso, ter o suficiente para manter seu serviço. Se não pediram e têm sua agenda, parece justo que levem em consideração o fato de haverem deixado alguma atividade ou outro serviço para ir lá aonde foram solicitados.

Há duas palavras que podem ser verdadeiras: caro e exorbitante. Talvez pelo que oferecemos estejamos cobrando preço muito caro ou até exorbitante. Talvez estejamos supervalorizando-nos em alguns casos. Mas há os que sabem muito bem o quanto custa manter as obras que mantêm e o quanto, para seu grupo, seria justo receber. Para isso existem diálogo e negociação.

Há cantores mais experimentados, com bagagem cultural maior e com mais o que dizer e cantar. Se alguém os quer, terá de levar em conta seu histórico de cansaço e de saúde, o tipo de obra que mantém, o tempo de estudo, de trabalho e de serviço, a idade, o cansaço, os muitos anos de serviço e para onde iria a quantia que pediu. O tempo costuma dar as respostas que os opositores solicitam. Onde moram? Como moram? A quem ajudam? O que possuem? Como servem? Cobram antes? Aceitam receber depois? Precisam de adiantamento? De quanto? São flexíveis na negociação? Estão lá para servir? É serviço ou autopromoção?

Cada pessoa é uma pessoa e cada grupo é um grupo. Acusar todos os cantores de estarem fazendo comércio com sua voz e de não servirem a Deus é atitude pouco fraterna e até cruel. Seria o mesmo que acusar todos os contratantes de querer a ajuda de um grupo mais experiente e explorá-los. Há o contratante que, ao sentir o resultado da pregação cantada, paga até mais que o solicitado. Há o que promete pagar depois e nunca paga. Há o que, mesmo avisado com clareza sobre o que é contratar um show, diz que vai correr o risco, mas quando o povo não comparece, joga todo o prejuízo em quem veio cantar. Ele não perde! Põe a culpa no grupo de cantores e não em sua previsão errada, ou falta de divulgação. Se é preciso talento para cantar, também o é para divulgar.

Quem acha que é fácil montar um grupo de canto e pregação, não tem a menor ideia do que significam os ensaios, o cansaço, as críticas, a competição, o puxar de tapetes e as indiretas que se ouvem, quando quem veio ver ou contratou já tem seus ídolos e seu jeito de ser católico. É impressionante como se ofendem caso o grupo tenha mais aplausos, mais espaço e mais sucesso do que seu grupo eleito e preferido. Vale a pena ler os e-mails desses fãs que vieram para provar que seu grupo era melhor. Quem chama deveria saber como pensa, como prega e como canta o grupo convidado.

Há tantos para escolher... Não chame qualquer um, nem aceite qualquer proposta. Mas não nivele, porque isso também é injusto. Vinte anos de serviço não são seis meses!

Talvez seja hora de a Igreja repensar esse serviço. Talvez fosse o caso de os bispos investirem com o ofício de cantor-pregador, como se investe em ministros extraordinários da comunhão. Se há o ministério extraordinário da pregação, também se pode pensar no da canção que nem todos conseguem executar a contento. Seria por um ano, e depois por mais tempo, a depender do que cantam, do que pregam, do que precisam para viver. É um trabalho exigente e todos deveriam mostrar que sabem fazer da canção católica um serviço à catequese. Remuneração? Questão de diálogo e de justiça. Alguns grupos possuem um folheto explicando tudo sobre seu trabalho. Que seja lido. Se não der, não contratem. Se acharem que podem, chamem, mas valorizem. Não é um passeio agradável e fácil, nem é divertido. Exige imenso grau de paciência e renúncia. Tentem por um ano e verão por que alguns grupos pedem mais do que vocês gostariam de pagar! Semanas e meses longe de casa, anos a fio, tudo por causa da Igreja, machucam muitos cantores. Se os querem em sua comunidade, valorizem sua família e seu trabalho. Vão ficar surpresos, alguns deles têm pai, mãe, irmãos e filhos doentes. Conheça a história de cada um e só então opinem. Estamos conversados ou cada grupo terá de explicar a cada novo dia e a cada viagem por que acha que seu serviço vale o que pede?

12
CANTAR, CANTAR E CANTAR

PZ

Ouço dizer que, de cada 100.000 brasileiros, 5.000 já tentaram e 1.000 escrevem e divulgam suas próprias canções. Ouve-se qualquer tipo de canção: bossa-nova, samba, reggae, bolero, sertanejo, valsa, religioso, brega, romântico, música das paradas, música ruim, música da melhor espécie. Mas ninguém tem medo da crítica. Todos arriscam e acreditam. Somos um povo que gosta de compor. E a maioria sonha com algum sucesso. Temos música na alma. Brasileiro, às vezes, canta e dança melhor do que fala. É o que ouço dizer. Talvez seja verdade. Você deve ter também sua opinião a esse respeito.

Teríamos, então, cerca de mais de 200.000 brasileiros que já fizeram algum tipo de música. Como, em geral, autores escrevem cinco ou mais canções por ano, teríamos anualmente no Brasil a soma de 600.000 novas canções, das quais cerca de 25.000 acabam cantadas e editadas por um número incontável de gravadoras ou produtores independentes que vendem de 100 a 1.000.000 de cópias. Absurdo? Por mais exagerado ou absurdo que pareçam os números, se forem verdade e se imaginarmos povos com forte tradição de canto como os gregos, os russos, os italianos, alemães e americanos, chineses, japoneses, indianos, chegaríamos facilmente à cifra de cinco milhões de canções por ano, das quais pelo menos 200.000 alcançam grande ou pequena publicidade.

Até onde esses dados são confiáveis eu não sei, mas os ouvi algures e alhures. De qualquer modo fazem pensar. O mundo é som sobre som e busca de harmonia por todo o canto. Aves cantam, animais ecoam gritos, riachos murmuram, águas e nuvens reboam e trovejam, ventos uivam e sibilam, e o ser humano canta. Não tenho muita filosofia sobre isso, mas sinto aqui dentro de meu coração – que já escreveu mais de mil canções em 30 anos – que a humanidade seria bem menos humana se não tivesse aprendido a cantar.

Canções adjetivam os substantivos da vida, humanizam e libertam. Só não admiro quem canta a violência, o ódio e a pornografia. Com exceção deles, todos os outros merecem respeito. Estão mais perto de Deus do que imaginam estar. Quem quiser ouvir Deus, escute os sons do universo.

13
CANÇÕES QUE NADA DIZEM

PZ

Não há canções que nada dizem. Alguma coisa elas dizem, para quem as compôs, para quem as canta e para quem as repete. Podem não dizer nada para mim e para você que temos outros gostos, outra cultura, outra fé e outras informações. Também não gostamos de certos sucos, certos alimentos e certas bebidas. Outros gostam! Se fazem bem ou mal, depende de cada organismo. A nós talvez não façam bem. Não digerimos como eles digerem!

Diga-se o mesmo de sambas, rocks e marchas, de ritmos de ontem, da música disco, ou de Beatles, Abba, Michael Jackson e Madonna. Há quem goste e detecte uma mensagem que não detectamos. Rap, reggae, afro, clássico, hip hop são gêneros que dizem algo a algum grupo. Mas se quiserem trazê-lo para a liturgia é hora de enfrentá-los. Se nos enfrentam, sejam enfrentados!

Porque uma coisa é a música que nos agrada, e outra, a música de igreja, que por definição não nos pertence. Um compositor de música religiosa supostamente é chamado a servir à catequese de sua igreja. Então, sua canção não pode servir apenas a um movimento, nem a uma só linha de espiritualidade. Se for o caso, não a cante numa missa em que há outros grupos, ou em qualquer encontro, pois seria impor sua maneira de pensar aos demais. A música religiosa tem de dizer o que a Igreja espera que seja dito em seus cultos e concentrações. Nem mesmo a letra nos pertencerá. Por isso, alguém mais abalizado precisa opinar sobre o que cantamos para todos os católicos.

O recado serve para músicos franciscanos, salesianos, dehonianos, da carismáticos ou vicentinos. Há canções típicas de nossa linha de espiritualidade, cantáveis em nossos lugares de oração. Há outras mais abrangentes, feitas para todos os católicos. Precisam transmitir a catequese de todos. Essas têm outro destino.

Leio algumas letras não religiosas e outras religiosas. Duas delas dizem egocentricamente: *"Preciso de um alguém que me dê o seu amor, que seja só para mim e que me faça feliz. Quero o amor mais sincero do jeito que eu o quero, do jeito que eu sempre quis. E então eu serei feliz".*

"Hei de amar somente a Deus, o resto pra mim é nada. Só a Deus eu amarei."

Uma Igreja cristã não pode assinar embaixo dessas duas canções, nem cantá-las, porque são egoístas. Os autores pensaram apenas em si ao escrevê-las. Esqueceram que seriam cantadas para outras pessoas. Em seu bojo, tais canções trazem fechamento. São dois gritos egoístas, ainda que uma delas seja supostamente religiosa. Falta nelas o essencial do que se entende por amor cristão: o amor ao próximo e nosso dever de também amá-lo.

Canções sempre dizem alguma coisa, mas canções religiosas não podem negar o catecismo. Por natureza, estão sujeitas à censura. Se uma palavra dela nega uma doutrina, a autoridade mande corrigi-la, cantar diferentemente ou simplesmente não mais cantá-la. Não basta ser bonita e fazer bem à banda que a executa. Tem de ser mensagem da Igreja. Se alguém insiste nela, já que fundou uma banda, funde também sua própria igreja! Mas, então, não a considere igreja cristã.

14
CANTORES DESAFINADOS

PZ

O mundo tem seus cantores. Alguns são maravilhosos e impressionantemente talentosos. Cantam o planeta, a família, o amor, a paz, a dor, a poesia do coração e o poema da vida. Outros cantam a ironia, a raiva, o erotismo, a pornografia, a comédia, o sexo e mil outros temas de suas vidas. É preciso escolher entre eles, porque há os inspirados e os que imitam. Em alguns, a poesia e a música nascem e fluem como água de fonte. Noutros ela não é de fonte, nem cristalina. Há a boa música e a de qualidade ruim; bons cantores e cantores sem talento. Nem por isso deve ser tirado deles o direito de cantar. Só precisam saber quando e onde.

O mundo tem cantores da fé. São os que cantam a doutrina e o modo de crer de suas religiões e de suas igrejas. Alguns são profundos e talentosos, outros não receberam os mesmos dons. Trabalham como sabem e como podem, mas desejam expressar, cantando, o que lhes vai na alma. Outra vez, é preciso escolher entre o que é de fonte, arte, talento, conteúdo sólido e o que é cópia, imitação, improvisação, letras pobres de conteúdo. Nem por isso, podemos tirar do cantor de menos conteúdo ou de menos talento o direito de cantar. Só precisam saber quando e onde.

Fosse assim, teríamos de pedir aos pregadores que pregam mal que se calassem. Se eles, que demonstram pouco amor aos livros e aos estudos podem pregar, os cantores com menos musicalidade e poesia também podem cantar. Mas as igrejas precisam decidir sobre as canções e, se possível, sobre os cantores e instrumentistas. Há momentos em que não devem cantar porque comprometerão a celebração.

Você deixaria um moço com o pé quebrado cobrar penalidade máxima só porque tem pena dele? Então por que deixa um cantor desafinado conduzir o canto na liturgia? Que as igrejas cheguem a um acordo. Chance para todos, mas não de qualquer jeito e a qualquer preço. Quem canta melhor cantará mais e quem canta menos cantará menos. Chega a ser tragicômico ter de ouvir numa festa de mais de 100.000 pessoas um cantor simpático, mas desafinado e rangendo como porteira a liderar aquela multidão. Quem cometeu aquela agressão contra os ouvidos do povo? Só porque ele é líder tem de cantar? Mais respeito para com os ouvidos do povo! Melhores sermões e melhores canções! Que o pregador escreva o que vai pregar! Que os cantores ensaiem o que vão cantar! Que os desafinados aceitem o fato de que não podem fazer um povo inteiro louvar desafinado.

Digo isso, depois de ter ouvido um coro com mais de 50 bons cantores, todos mais afinados do que ele, ser conduzido por um senhor muito alegre e muito simpático, mas mais desafinado que portão sem graxa. Cadê o bispo ou padre para lhe dizer que aceite outro ministério e que deixe o da canção para quem sabe cantar?

15
O CHAMADO À SÍNTESE

PZ

Que o ser humano gosta de confronto e de enfrentamentos, dizem-no as guerras, as escaramuças, os embates políticos, as dissidências e separações entre as igrejas e grupos de igreja. Em alguns casos é consciente, em outros, não.

Ser pessoa de síntese é ser pessoa de diálogo. Quem busca a síntese, deixa de lado o que separa, ou o administra e faz bom proveito do que é bom de ambos os lados da ideologia ou da religião. Mas, por buscar valores de um e de outro lado, quem busca a síntese é acusado de andar no meio-fio, em cima do muro, ser indeciso e não tomar partido.

Pode até ser, mas quem assim fala presume que só há dois partidos bons: direita e esquerda, progressista e conservador, libertação e louvor. Nunca lhe ocorre que pode haver três ou mais partidos e que na vida nem tudo é "conosco e contra nós". Não entendeu a parábola de Jesus que, de resto, não fez outra coisa senão se aproximar dos dois lados!

Ponderar é isso: pesar os dois lados e optar por esse valor de um ou aquele valor de outro, e rejeitar os contravalores de um e de outro. Mas quem ousa trilhar esse caminho é malvisto pelos belicosos dos dois lados. *Ou vem conosco ou vai para lá, não queremos você sem adesão!* E se quem não aderiu, não o fez exatamente, por que escolheu o lado do diálogo e tomou a posição de quem busca a ponderação?

Mídia e marketing têm tudo a ver com isso. Ao ressaltar excessivamente um lado, instiga a competição e o confronto do outro que age em oposição ao lado hegemônico. Esses dias, vi isso em duas missas de domingo. Dois grupos de duas linhas de igreja cantaram apenas canções de suas linhas de espiritualidade em missa que era para todos. A banda de uma das missas era de jovens da RCC e a outra era de jovens das CEBs. Se conhecessem eclesiologia e a força da síntese, se tivessem recebido a catequese do *Ut Unum Sint* (*que todos sejam um*), talvez tivessem escolhido canções das mais diversas correntes que há na Igreja. Não quiseram e talvez nem as conheçam! Falhou o catequista, falhou o padre!

Tenho visto isso na casa de teologia onde moro. Alguns dos cantores escolhem a síntese, que é o grande chamado de nossa congregação: *Ut Unum Sint* (que sejam um) (Jo 17,11). Um e outro, inconscientemente, tendo vindo da RCC, em nossa própria casa, onde se pratica e se busca a síntese, e se forma o aluno para valorizar todas as correntes de espiritualidade, quando pode, só puxa os cantos de louvor que aprendeu na RCC. Há dias em que não entra um só dos mais de 500 cantos-síntese, portanto, dehonianos. A proposta do fundador pedia esse diálogo e essa valoração do outro. Ele mesmo acentuava e era grato pela influência dos jesuítas, dos franciscanos, dos vicentinos, dos *abbès democrates* e do vasto pensamento católico de seu tempo. Buscou a beleza da Igreja nos outros grupos de fé. Não criou os Padres do Sagrado Coração de Jesus para serem diferentes, mas sim para serem referentes, buscarem coerência, inerência e síntese: corações iguais ao dele que deixava falar, ouvia e dialogava com todos, chegando a se entusiasmar com pagãos por sua grandeza de alma (Mt 8,8-13)!

O excelente aluno, a quem fiz ver quanto a mídia nas mãos de pessoas parciais demais pode influenciar os jovens, admitiu a reflexão: era verdade! Nem sempre se levava a peito esse critério na liturgia que é para todos. Lembrei-lhe que nos anos 1960 e 1970 predominavam os cantos de libertação de cunho político abertamente de esquerda e de centro-esquerda. Eu buscava a síntese e era malvisto. Chamavam-me de modernizante, mas não transformador. E não era mesmo! Nunca lutei pela vitória de um só lado. Gosto mais do 6 x 4. Governo forte e oposição forte, ambos essencialmente moderados no essencial. A acusação saiu até em um livro de conceituado teólogo mineiro.

Naqueles dias, quem dialogava com os dois ou quatro lados, era visto como alguém em cima do muro. Respondi que andar em cima do muro exige mais equilíbrio que o comum. Ao que me chamou de quadrado – acusação que, na época, visava ofender –, respondi que bolas rolam com facilidade para qualquer lado e que o quadrado era bem mais plantado; além disso, a raiz quadrada era bem mais perfeita na hora dos cálculos.

Depois, vieram os irmãos da RCC com seu poder de mídia. Quem é devoto do Coração de Jesus conhece o significado do *Ut Unum Sint*. Mas como continuo a buscar a síntese, por alguns irmãos mais aguerridos da RCC sou visto como crítico da música de louvor. Nada mais injusto! Pelo menos 30% de minhas canções são de louvor. Mas como insisto nos outros temas da fé e chamo a atenção dos compositores para o perigo dos hinos de uma só temática; como aponto para os mais de 200 documentos da Igreja sobre outros temas, pareço alguém que os combate. E tudo o que desejo é que nas missas, onde há fiéis de todos os caminhos de espiritualidade, cantem-se cantos de todos, e não apenas os de sua linha. *Tudo para todos para salvar ao menos alguns!* (1Cor 9,22), dizia Paulo.

Esse tudo para todos aponta para a síntese que o pregador e o cantor devem buscar. Brinco, mas é verdade: parecemos carroça de duas parelhas. Quando o condutor da carroça aponta para um lado e as fogosas parelhas teimam em ir, cada qual para seu lado, a carroça não corre: arrasta-se. Tenho essa mesma impressão sobre as pregações e as músicas litúrgicas na Igreja. Muitas parelhas não aceitam ordem de cima!

Por isso alguns continuam a cantar na hora do abraço da paz, a orar em línguas antes do Pai-nosso, teimam em mudar o conteúdo teológico das partes móveis, inserem cantos marianos no ato penitencial e no ofertório, e até dão um jeito de invocar Maria logo após a consagração. Para não falar do padre que exorcizou uma fiel antes do Pai-nosso, quando Jesus já estava no altar, após a consagração invocou São Miguel Arcanjo para que, com sua espada luminosa, expulsasse aquele demônio. Outro celebrante mandou rezar uma dezena do terço logo após o Pai-nosso, para que Maria comungasse com eles naquele encontro mariano. Mais ainda: mesmo sabendo que está errado, as bandas não corrigem a letra de uma canção, aliás muito bonita, mas com este enorme desvio, que proclama *"Quero amar somente a Ti"*. "E daí, se está teologicamente errado!", disse um cantor. "O povo gosta da canção, logo..." Por isso temos o direito de desobedecer?

Convenço-me, cada dia mais, de que Jesus morreu por causa da síntese. Quis trazer o céu à terra e erguer a terra na direção do céu e acabou suspenso entre um e outro, por entre insultos de quem rejeitara sua proposta de diálogo e de unidade. Talvez porque seja o diálogo a coisa mais radical que existe. Os que amam o sucesso e a vitória têm medo de perder o que alcançaram. Um desses pregadores dos Vencedores em Cristo me disse textualmente que jogador sério não passa a bola para o adversário. Esqueceu a diferença entre o irmão do outro lado e o demônio. Respondi que Jesus fez isso, ao elogiar pessoas que não eram de seu grupo e que ele era essencialmente aproximador. E aproveitei para lembrar que *"diabo"* vem de *diabolus!* (leia-se com acento no á) e quer dizer *separador!*

Quer uma vocação difícil? Abrace a síntese! De cada dez combatentes, nove a rejeitam. Acreditam em resolver tudo no campo de batalha e no enfrentamento. Por isso que as guerras começam logo, mas a paz demora a chegar. Pela mesma razão, as conquistas das novas igrejas vão a passo de lebre e o ecumenismo a passo de tartaruga. Conquistar fiéis parece mais urgente que aproximá-los!

Assino embaixo do que acabo de dizer.

16
OS CANTORES DO REINO

PZ

Era uma vez um reino onde cantar era importante.
Cantava o rei, cantava o povo, cantavam os sacerdotes.
Cantavam os ministros,
cantavam os profetas, cantavam os cantores.

Mas como acontece em tudo que tem o toque humano,
também lá, a canção tomou partido.
Um acusava o outro de não ter canções dignas
do reino nem do rei.

De um lado havia os que só cantavam *canções de céu aqui*
e do outro os que só cantavam *canções de céu depois*.
Um era o grupo dos cantores do céu já na terra
e outro era o grupo dos cantores da terra já no céu.

Os cantores da terra já no céu gostavam muito de louvar o rei
e levar o povo a louvar o rei. Suas canções diziam:
"Exaltem o rei, louvem o rei, o rei é maravilhoso".
"Exaltado e louvado sejas, ó rei, porque és maravilhoso."
"Toca em nós e salva-nos; leva-nos a morar em tua casa, ó rei."
"Liberta-nos deste mundo cheio de ciladas e santifica-nos."

Os cantores do céu já na terra gostavam mais de cantar
a vida do povo.

E foi então que cantar passou a ser coisa séria naquele reino.
"Ó rei, teu povo está sofrendo. Acode e sacode o teu povo ó rei."
"Povo meu, vai lá faz o reino acontecer. O rei apoia a tua luta."
"Muda-nos, ó rei, para que possamos entender
e mudar este mundo."
"Ensina-nos a ser justos e santifica-nos."
Era este o conteúdo básico das canções cantadas no reino.

Um dia o rei chamou todos os cantores do povo e disse:
– Parem de achar que eu gosto do que vocês gostam.
– Quero todos cantando canções de céu já na terra e canções da terra já no céu. Todas ajudam a construir meu reino.

Daquele dia em diante, os cantores se reuniram e aprenderam uns com os outros. Os cantores da terra já no céu passaram a cantar canções do céu já na terra e vice-versa. O reino ficou muito mais espiritual e muito mais social. Uns respeitavam a profecia dos outros e todos louvavam o rei, mas todos os compositores e cantores passavam ao povo a palavra do rei sobre todos os assuntos. O reino virou canção.

Daquele dia em diante, cantar virou profecia e deixou de ser vaidade.

17
VESTIDOS DE CONTEÚDO

PZ

Foi surpreendente ouvir o comentarista no rádio ridicularizar os padres e as freiras de hábito, dando a entender que quem usa hábito ou batina é retrógrado, está fora do tempo. Mas não o ouvi falar o mesmo de imãs e aiatolás que também usam vestido comprido e turbante nas cabeças. Não o vi comentar a respeito do chador ou do hábito das muçulmanas. De repente isso pode ser moderno para ele. Além disso, dom Helder Câmara foi um dos homens socialmente mais progressistas dos últimos tempos e ele sempre usava batina.

João Paulo II, que, concordem ou não com ele, influenciou politicamente todos os povos de sua região e certamente teve muita influência nas mudanças que se procederam politicamente a leste europeu, usava batina. De onde se deduz que usar batina tanto pode ajudar como prejudicar, mas de qualquer maneira usar batina não é símbolo de atraso. Que lindo atraso o de Madre Teresa de Calcutá que, com aquele hábito que a escondia, apareceu mais do que nunca por sua caridade. O dito jornalista não leu nem segue a história.

Há pessoas de colarinho e gravata muito mais retrógradas, muito mais capazes de pisar nos outros e destruir a história do que alguns que usam o hábito. Hitler usava roupas modernas para seu tempo. A roupa pode fazer o monge, mas em geral não faz, nem o torna nem mais santo, como também não o torna mais retrógrado. É um gosto, um modo de vestir, um simbolismo. Por isso, foi muito estranho ouvir aquele comentarista usar de dois pesos e duas medidas. Não gosta do hábito dos padres e das freiras e acha que isso é retrógrado. Mas logo a seguir quando falou a respeito da atuação dos "imãs" e "Aiatolás", não disse a mesma coisa a respeito do hábito deles. Isto só para levar a reflexão de que não é o que vestimos que nos torna modernos ou ultrapassados. Eu visto ternos ou roupa comum e nem por isso me acharia mais progressista que dom Helder. Não é por aí.

Ditadores políticos ou bandidos deveriam ser ultrapassados, mas estão muito em voga. Alguns deles usam colarinho e gravata. Mandam e desmandam nos morros e nas mansões onde ordenam mortes e coordenam o tráfico de entorpecentes. É bom pensarmos antes de falar qualquer coisa, sobretudo quando há milhões de pessoas nos ouvindo. Alguns padres de catequese ultrapassada usam batina, mas também outros de gravata são ultrapassados. Há pastores evangélicos de gravata ultrapassados e alguns, de gravatas, que são modernos.

O que nos torna atuais é o conteúdo. Sem ele, de batina ou de gravata, estamos malvestidos. Nossa fala e nossas alianças determinam se somos de hoje ou de ontem, ou com respostas de ontem para problemas de hoje! É dessa couraça que Paulo falava em Romanos 13,12 e aos Efésios 6,13: devemos vestir o uniforme da luz de Deus! O colarinho pode e deve ser sinal dessa sabedoria. Se não for não passará de badulaque! Era esse tipo de monges que o povo ridicularizava ao dizer que vestiu um hábito, mas nem por isso virou monge! Que se acentue o conteúdo! A cobertura do bolo pode ser bonita, mas é sempre secundária!

18
CANÇÃO DE CATÓLICO

PZ

Há ocasiões e tempos fortes em que religião rima com canção. Não é que todo ato religioso precise da canção. Pode-se perfeitamente buscar o Criador sem ritmos, tambores, cordas e sopro. Cantar não é essencial, nem mesmo na vida do cantor. Mas, *como o chantili ao bolo, cantar acrescenta sabores à vida.*

Na Índia, no Tibete, na China, na África, na Europa, no Oriente Médio os religiosos cantam; alguns, há milhares de anos. Já dissemos: orar e celebrar não têm de passar pelo cantar, mas muitas vezes passa com graça; outras, sem conteúdo e sem graça nenhuma, porque há o bom cantor religioso e o cantor religioso medíocre. Em geral, o medíocre é o que apostou tanto no próprio talento que não aceitou corrigir sua obra nem aprender com quem sabia mais. Inventou que Deus o inspirava e teimou no texto errado, no ritmo e na melodia sem lógica.

Transformar a canção religiosa em cultura depende do compositor, do músico e do cantor. Há os que estudam, leem, pesquisam e levam a sério cada letra que cantam. E há os desavisados e desatualizados. Fazem, gravam, cantam, sem jamais terem lido o que sua Igreja espera de um compositor ou de um cantor católico.

A verdade dói, mas tem de ser dita bem forte ao ouvido de todos os compositores cristãos: *"Quando qualquer um pode compor, cantar e divulgar-se, corre-se o risco de ouvir, também, letra ou melodia qualquer, como casas erguidas por qualquer um, em qualquer lugar e com material qualquer. Faltar-lhe-á qualidade!".*

Quando a religião leva o canto a sério, seleciona a canção pelo conteúdo e pela forma como ela traduz o culto e a catequese daquela diocese. Gente preparada o faz. Mas quando quem seleciona as canções para o culto demonstra conhecer pouco os documentos de sua Igreja sobre a responsabilidade do músico católico, acontece o que estamos vendo: não entra a canção do teólogo ou do professor de comunicação católica, mas sim a do autor simpático ao grupo ou movimento. Torna-se questão de grupismo e de poder, e não de catequese. A canção escrita pela ou pelo catequista que estudou teologia é preterida, naquela missa, em favor da canção da mocinha que é do movimento, mas que perceptivelmente não leu nem mesmo o catecismo de sua igreja!

Canção imposta

O advento da mídia para todos e de grupos religiosos com poder de mídia aumentou a chance da publicação de milhares de novas canções da linha deste grupo e de silenciar a outra linha. Tendo alguma inspiração, mas não conhecendo bem a teologia e a doutrina de sua igreja, não são poucos os compositores religiosos amadores que chegam à mídia de sua cidade ou de seu país, mesmo sem doutrina, sem teologia, sem sociologia e sem catequese. Cantou seu testemunho pessoal de vida. É válido, mas não deveria ser suficiente. Supostamente a canção litúrgica deve também ser catequética!

As religiões e igrejas deveriam exigir mais cultura e leitura de seus compositores e cantores. Afinal, alguns deles atingem milhões de pessoas!

Na Igreja Católica as normas existem, mas não são implementadas. Ainda valem mais a simpatia e o grupismo que o conteúdo da fé. Toca-se uma canção porque é do grupo ou de um amigo, e não porque traduz uma doutrina oficial. Por isso, ouve-se cantar ou tocar o canto errado, na hora errada, do jeito errado, com instrumentos errados e com letras que deixam a desejar. Ninguém supervisiona. Funciona mais ou menos como a casa da mãe Joana. Canta quem pode e é do grupo do programador e não quem sabe e tem o que dizer!

Canção de católico

Canção de católico deveria traduzir, além da Bíblia e da liturgia do dia, os documentos papais, as encíclicas, os grandes temas do Catecismo e do Compêndio da Doutrina Social, as declarações das conferências episcopais e textos de grandes tratados de teologia. Seria a forma correta de evangelizar pelo canto. Mas como exigir isso dos compositores, se eles mesmo admitem que não leram tais livros e alguns nem sequer os conhecem?

Cantar o louvor, mas também a justiça

Cante-se um pouco mais a compaixão e a solidariedade sem abandonar o louvor. Isso é bíblico. Quem lê os salmos sabe do que estou falando! Num país com tanta corrupção, miséria, violência e injustiça, tanta dor e tanta fome, faltam canções católicas de cunho social. De cada dez, nove delas são de louvor. Apenas uma propõe a solidariedade católica que é tão cara aos papas e bispos. E, dependendo do disc jockey e de sua linha pastoral, ela nem é tocada. Aquele que seleciona as canções prefere cantos de louvor. É a escola que ele frequentou e a única forma que lhe ensinaram de cantar a fé. Não lhe passa pela cabeça que uma canção de cunho social e de misericórdia e libertação seja religiosa. Seus mestres lhe passaram essa ideia viés. Entendem erradamente que a única canção que merece o nome de religiosa é a de louvor. Agem como certos pregadores pentecostais que proclamam que sua Bíblia é cristã e que a dos católicos é apenas católica! Apossaram-se do termo "cristão", da mesma forma que alguns católicos apossaram-se do termo "canção católica". Fazem congressos e festivais para os quais convidam apenas os de sua linha de espiritualidade e anunciam que é um encontro de cantores católicos! Sinto ter que dizê-lo, mas é sectarismo! Onde estão os outros, tão católicos quanto eles e há muito mais tempo católicos do que eles? Por que não foram convidados?

Passei por essa experiência num país latino-americano. Já que era pomposamente um *"Festival Mundial da Canção Católica"*, perguntei onde estavam os cantores católicos de outras correntes de espiritualidade que no Brasil, na Itália, na Espanha, nos Estados Unidos e na América Latina eram mais conhecidos e nem sequer foram informados ou chamados? Responderam que estava na internet, no site do movimento. Ninguém é obrigado a informar-se no site daquele movimento. Que o tivessem feito pelo site do Vaticano, se queriam um festival daquela magnitude! Estavam lá cantores há um ano, com um CD publicado e foram ignorados cantores com vinte ou trinta obras, mas que não eram do movimento que o organizou. Então não era Festival Mundial da Canção Católica! Polemizei e não saí de lá aplaudido, mas acho que fui ouvido, porque no ano seguinte o mesmo grupo deu outro nome ao festival! Tiraram as palavras "Canção Católica" e mudaram--nas para as palavras "Canção de Louvor". Foi mais honesto!

Sigo questionando

Os shows ainda hoje seguem a mesma linha. Nove canções de louvor sobre família ou sobre dor humana. Seria menos cristão e falta de espiritualidade alguém propor mudanças políticas e sociais em seu país ou cantar em nome do povo que sofre? Ligue sua emissora e seu programa católico preferido e preste atenção nas canções escolhidas. Quase não falam dos problemas humanos. Os papas e bispos já falaram. Alguns cantores e compositores ou não leram, ou não acham que isso dá música!

Amadores que não conhecem bem sua tarefa e nem sequer conhecem o catecismo católico comandam programas de catequese. Mas já se veem sinais de seriedade em muitas paróquias. Já falamos disso! Falta leveza! Ainda há guitarras barulhentas demais que atrapalham a oração. Do baterista, nem se fale! Parece estar em um concerto de rock ao ar livre. O saxofonista em algumas igrejas toca como se estivesse numa boate. Faz enfeites que em nada lembram um chamado à oração.

Mudanças no horizonte eucarístico

Mas já existe aquele que toca com suavidade, ou festivamente, se for o caso, e, contudo, sabe quando um canto é de júbilo, quando é leve, quando faz pensar e quando a voz do cantor tem de aparecer. Sabe também, quando o cantor deve calar-se e deixar que o povo cante. Contrariamente aos enchedores de linguiça, que não deixam nenhum espaço livre na celebração, enfiando uma música depois da outra pelos ouvidos do povo, eles fazem silêncio na ação de graças, para que o povo converse com o Cristo que acabou de receber. Naquela hora, respeitosamente, o bom músico católico silencia. O outro, o barulhento, que enfia seu instrumento em qualquer espaço de silêncio que encontra, pensa que o povo foi lá para ouvir mais uma de suas exibições. E pobre do padre se reclamar! No domingo seguinte ele não aparece.

Músicos que não extrapolam

Numa liturgia séria, os músicos não brigam para um aparecer mais do que o outro. Conseguem tocar, sem dar um show de despreparo. Sua canção é para levar palavras e ressaltá-las. Os instrumentos acompanham e não abafam os cantores. Os guitarristas e tecladistas não tocam gingando.

Está voltando a música executada por pessoas que entendem de música nas igrejas. Está voltando o verdadeiro ministério da música. Há paróquias pagando seus músicos com uma boa ajuda de custo para que sejam profissionais competentes. Tem sido assim em países da Europa. Muitos evangélicos fazem assim. No Brasil, algumas dioceses timidamente ensaiam esse caminho. Querem os cantos da missa e do casamento bem-executados. Enfim, a música religiosa bem-tocada e bem-cantada está voltando em algumas comunidades. Há párocos chamando bandas e grupos que cantam todo tipo de canção, e não apenas os de um movimento, porque o pároco sabe que sua paróquia não é e nem pode ser reduto daquele movimento.

19

VISÃO DE CATEQUISTA INSATISFEITO

PZ

O mundo é o que é. Nós, que anunciamos Jesus, somos chamados a transformá-lo no mundo que ele deveria ser.

Fomos batizados, crismados, ordenados e inspirados para interferir no mundo. Jesus orou para estarmos no mundo, sem compactuar com sua maldade (cf. Jo 17,15). O mundo é como um barco em alto-mar. Nós o conduziremos ao porto para onde deve ir. Queremos influenciar em sua rota. E faremos isso sem nos transformarmos em fanáticos ou ditadores, nem em saudosistas que acham que a ida para o futuro depende de uma volta radical ao passado!

Agora que em muitos países escasseiam as vocações sacerdotais, congregações ontem florescentes não têm nem sequer dois noviços ou noviças, escolas fecham ou são vendidas, por falta de religiosos para tocá-las, e templos há 40 anos florescentes, hoje, quase vazios, recebem 100 a 200 fiéis, talvez seja hora de repensar nossa linguagem. O mundo secularizado mudou vertiginosamente sua linguagem e seus conceitos e nós não conseguimos ir ao lado, quase paralelos, mostrando os da fé cristã!

Questão de linguagens

A linguagem eclesial virou dialeto estranho para um mundo de linguagem compacta e quase que imposta, linguagem que a mídia espalhou. Perdemos esses veículos. Hoje, quando os temos, chega a causar tristeza ver como continuamos com uma linguagem estética, hermética, de púlpito antigo, com câmera quase parada, focalizando imagens, imagens, imagens, e povo sem movimento algum. Poderíamos ir lá fora e captar a vida, captar os novos sons e introduzi-los na mídia ou até nos templos, sem perder a dignidade, mas escolhemos o gesto, a canção e a fala repetitiva. Câmera um, câmera dois, câmera três, num espaço pequeno que não tem mais o que mostrar a não ser repetir de novo o que já foi visto! Não há inserções de imagens de fora, lá onde se vive o cotidiano! Pregadores sentados, câmeras paradas, imagens de anjos e de santos, eis a linguagem que adotamos! Alguém terá explicações até científicas para isso, mas o fato é que os jovens que deveriam entusiasmar-se com nossa mensagem não captam o que desejamos dizer a eles. E nos iludimos, achando que, porque alguns programas juvenis dão certo por algum tempo, estamos chegando lá. Quem chegou lá foram os não crentes com seus palcos cheios de vida e movimento, ainda que às vezes carregados de sugestões de pecado. Mas acharam a linguagem. Nós não achamos a nossa! Falta vida em nossos vídeos! Aplaudam-se as exceções, mas precisamos urgentemente trabalhar mais nossas imagens. Usamos muito pouco dos recursos gráficos a nossa disposição. Já sei o porquê: custam caro! Mas já que estamos em veículos que pedem essa agilidade, teremos de achar a solução. Temos de fugir do excesso de estático em nossas transmissões.

Isso tudo que ficou dito também se aplique às canções e melodias. Maestros detectam um padrão perigosamente repetitivo nos arranjos de músicas religiosas. Já sabem para onde vão o teclado, o saxofone e a guitarra. Brincam dizendo que parece partitura de papel carbono. Aqui o sax alto daquele rapaz fará isso, o teclado fará isso e a guitarra fará isso! Dizem e acontece! Nem o instrumentista percebe o quanto está padronizado. Argumentam que no samba e na música sertaneja acontece a mesma coisa. A resposta é uma pergunta: E o que acontece com as duplas ou os conjuntos que recorrem à mesmice? Duram quanto tempo na mídia? Suas canções permanecem por quanto tempo?

Repensando e provocando

Missa e rosário pela televisão podem ter e têm seu lado bom e pedagógico, mas acabam estáticos por conta de uma linguagem também hermética e estática. Mas quem aceita que agora que temos os instrumentos e os canais de rádio e televisão precisamos descobrir uma nova linguagem católica apropriada para eles? Quem admite que, mesmo tendo um conteúdo maravilhoso, precisamos saber embrulhá-lo e entregá-lo a cabeças e mentes de agora? Para falar ao mundo de hoje e de amanhã, vestiremos nossos jovens missionários com trajes dos séculos 13 ou 18? E será esse o visual que nos trará novos pregadores? Trouxe? O que pregam? Levam consigo os documentos oficiais da Igreja? Por eles o povo está sabendo o que foi dito no Vaticano II e nos documentos do Celam? O que estão pregando e repercutindo? Por que a volta ao passado não está lotando os mosteiros da Europa e dos Estados Unidos, onde o conforto e o consumo se tornaram segunda natureza? O que há com as igrejas da Europa que, por mais de 15 séculos, viram mosteiros com 500 a 1.000 membros? Vestiam-se como no tempo de Jesus ou como em seu tempo? Falavam que linguagem: do século IV ou de seu tempo? Francisco deu o recado do século VIII ou o do século XIII?

20

OS PORQUÊS DO CATEQUISTA CANTOR

PZ

Porque o mundo tem alegrias e tristezas, amor e desamor, riso e lágrimas, prazer e dor, vitória e cruz, morte e ressurreição, ódio e vingança, torturas e assassinatos, corrupção e desordem, democracias e ditaduras, desemprego, suicídios, estupros, ganância e violência, choro de pai e mãe, crianças apavoradas, vizinhança assustada, traficantes ameaçando, ladrões em todos os cantos, medo e angústia nas ruas e nas casas, sequestros e chacinas, ganhos e perdas, verdade e mentira, dominadores e dominados, bandidos e anjos, assassinos frios, pequenos e grandes arruaceiros e invasores, gente desmesuradamente rica e poderosa, países absurdamente gananciosos, traficantes que movimentam bilhões, armas fatais, terrorismo e banditismo internacional, FMI, ONGs, Multinacionais, MST, MCE, ALCA, Mercosul, G-8, Comando Vermelho, PCC, assassinos unidos, policiais-bandidos, bons policiais assassinados pelas costas, juízes silenciados, fome nas casas, sangue e sexo na televisão, dízimo inclemente nas igrejas, imposto demais, dívidas demais, promessas mentirosas, anjos demais, fé mágica, gente escondida e rezando sem ir lá como fermento na massa, manipulação da fé, pregadores descaradamente se autopromovendo, exploradores da crendice popular, fé confusa, pregadores criando doutrinas esdrúxulas, anjos de plantão no céu, que atendem só se rezarmos determinados salmos e só das 11 às 11h10min, demônios especializados em dor de dente, dor de cabeça, dor de barriga, pregadores inescrupulosos a inventar anjos e demônios, políticos sem ética, escolas sem disciplina...

Porque leio e vejo tudo isso todos os dias, assim que acordo e abro os olhos, eu entendo que não posso me calar, nem ficar numa sacristia de igreja ou num canto de sala, pedindo ao Senhor que me faça feliz, que me salve e cuide apenas de mim. Não sou, nem quero ser assim tão especial e importante.

Os anciãos, que já deram suas vidas pelo reino, os enfermos que não podem ir até lá, eles têm esse direito. Eu não! Eu tenho de ir e oferecer respostas. Sou catequista e devo tocar na ferida, falar daquele problema e tocar fundo nele. É isso, isso e mais aquilo! Tenho de saber mais do que dizer palavras bonitas e frases decoradas e mais do que cantar canções adocicadas. Os profetas entravam de cheio nos problemas de seu tempo. É por isso que os reis ficavam furiosos com eles e alguns deles foram esfolados vivos, mortos, inclusive Jesus.

É isso e é por isso que canto as coisas que canto!

21
AS COISAS QUE CANTEI E CANTO

PZ

Há prioridades em minha canção. Começo por louvar a Deus pelo que ele fez, faz e pode fazer. Mas, imediatamente depois disso, começo a pedir perdão por meus erros e a interceder pelo mundo. Na hora em que me pedem para que eu suba a um palco e cante, são esses temas que eu canto.

Não posso falar pelos outros cantores, mas eu não consigo apenas louvar, nem apenas pedir perdão, nem apenas pedir graças para mim. Analiso, exorto, anuncio e denuncio. Se alguém explodir uma bomba em uma creche, pode ter certeza de que naquela tarde cantarei um canto contra a violência, outro sobre as crianças e outro sobre as mães que choram. Naquele dia talvez não cante nenhum "eu te louvarei". Não faz mal se algum crítico não concordar comigo. Tenho certeza de que Deus entenderá. Está claro nos profetas, nos Evangelhos e nas cartas dos primeiros cristãos. Somos chamados a levar não apenas a nossa, mas também a cruz dos outros. Louvarei a Deus naquela tarde, mas gastarei mais tempo falando daquele terrorista, daquelas crianças e daquelas famílias. Alguma coisa me diz que cantar a fé supõe essa sensibilidade.

22
CANTAR O DIA A DIA

PZ

Respeito o pensar dos outros catequistas e cantores. Não me foi dado o poder de julgá-los. Mas falo de meu canto, porque escolhi cantar o dia a dia, os sonhos e as dores de meu povo. Se eu estiver para entrar no carro que me levará para uma tarde de louvor e se souber que, uma hora antes, alguém sequestrou alguém naquela cidade, pode apostar que mudarei o tema e a pregação daquele dia. Farei uma tarde de súplica, de penitência, de exortação à paz e de intercessão pelos sequestrados.

Minha canção é catequética. Eu canto pensando no céu, mas espiando para os lados. Quero cantar o dia a dia de meu povo. Falo de feto e desafeto; de casais que se separam; de gente que nunca viu um anjo; de gente que não sabe rezar; de bandidos que assustam; de povo que põe fogo em ônibus; de sem-terras que não destroem e de sem-terras que queimam fazendas; de Dona Márcia, cuja filhinha amanheceu morta de fome; de trabalhadores sem salário; de sapateiros; de verdureiros e dos meninos presos porque mataram.

23

ESCOLHERAM O LOUVOR

Muitos de meus irmãos escolheram louvar. Não cantam os cantos que escolhi cantar. Dez de cada dez canções deles falam de louvor. Eu os respeito. Mas não deixo de perguntar por que não cantam sobre outros temas da fé. Sei que os incomodo com isso, mas eles são os catequistas que o povo mais escuta. Então, por que não dão ao povo uma catequese sobre outros temas? Há um catecismo de mais de 800 páginas à espera de ser musicado! Meu caminho é o de quem repassa o catecismo e o analisa, enquanto tenta influenciar o político e o social de meu povo. Meus modelos? O rei Davi e o diácono Santo Efrem! Os salmos louvam, mas também anunciam, exortam e denunciam. Um dia, pendurarei minha harpa no salgueiro (Salmo 132,1).

Agora, enquanto posso, enquanto ainda me tocam nas rádios e nas missas, e enquanto ainda vem gente me ouvir, eu canto o cotidiano de meu povo. O lobo e o cordeiro ainda não estão bebendo nas mesmas águas. Eu canto para que o lobo fique mais manso e o cordeiro aprenda a se defender.

24
DE FORMIGAS E DE FOLHAS

PZ

Nos últimos 40 anos, no Brasil, na América Latina, nos Estados Unidos e na Europa milhares de sacerdotes deixaram o ministério. Como não podia deixar de ser, as decisões que mais repercutiram foram as dos sacerdotes teólogos, escritores, cantores, radialistas e apresentadores. Apareciam mais. Deu-se o mesmo com célebres pastores e reverendos. Tenho em mãos o livro de um deles, famoso especialista em Bíblia, jovem ainda que, num livro sobre Deus e o sofrimento, começa sua obra declarando que perdeu a fé. Seu nome: Bart D. Ehrman. Escreve maravilhosamente bem e mostra respeito pelo Jesus em quem deixou de crer. O caso dele não é único. A pregação da fé pesou e ele não soube mais viver na contradição.

Ao assumirem microfones, câmeras e rotativas, e ao aparecerem diante da multidão em estádios superlotados, querendo ou não, muitos pregadores atraíram sobre si os olhares do povo. Lá como cá, os que, alguns anos depois, declararam sua decisão de não mais anunciar Jesus como sacerdotes, deixaram muitas coisas por explicar. Alguns registraram em livros, outros foram a público e outros simplesmente se recolheram no anonimato.

Mas uma pergunta insistente que vem do púlpito, dos estúdios de rádio e de televisão, dos palcos e das editoras, continua a procurar respostas. Foram lá por projeto pessoal ou suas igrejas os empurraram para a evidência? Nos dois casos, houve sofrimento. Um dia, tiveram de tomar a decisão de ou deixar a Igreja, ou casar--se, ou seguir outros caminhos.

Encontro alguns deles que se proclamam serenos, mas admitem que a notoriedade foi se lhes tornando um peso. No dizer de um deles, amigo meu, sentiu-se a formiga que levava a folha maior do que poderia levar. A mídia lhe pesou na alma.

Quando posso, alerto os que desejam seguir pelos caminhos da mídia e do marketing, para que conheçam melhor o que estão abraçando. Violões, palcos, holofotes, CDs, microfones e câmeras têm seu peso. Se desejam anunciar Jesus para a multidão, perguntem a quem os antecedeu e os leve a sério.

Há uma dor que vem da mídia e da qual pouco se fala: a dor da exposição. Fique muito tempo desprotegido à luz do sol e dos holofotes e entenderá de queimaduras. Aceite o guarda-sol dos amigos, mas, se quiser enfrentar aquelas luzes sozinho, prepare-se para ferimentos irreparáveis. Quem avisa, amigo é.

25

CANTORES DESUNIDOS

PZ

Prometi que jamais contaria esta história e que, se dez anos depois a contasse, omitiria os nomes. Mas o fato deve ser contado aos jovens cantores que cantam para o Senhor e para seu povo.

Anos atrás, num congresso em Curitiba, um jovem cantor que despontava na mídia sugeriu a criação de um movimento de Cantores da Fé. De todas as místicas, carismas, tendências, inspirações e linhas pastorais, a porta estaria aberta a todos os que tivessem mais de cinco anos de caminhada como autores, catequistas cantores. Pediram-me que liderasse o primeiro encontro, que se deu em São Paulo.

Compareceram cerca de cinquenta cantores e autores, de cinco movimentos e cinco outras experiências eclesiais. Cuidei de imediato em propor uma eleição. Foram eleitos cinco líderes jovens, entre sacerdotes e leigos de três movimentos. Entreguei de imediato a liderança e fiquei fora, posto que era um dos mais velhos, e achei que se o sonho era dos jovens, os dois encontros anuais fossem por eles liderados. Eu participaria sem voz ativa e sem voto. Seria um conselheiro, pelos muitos anos de caminhada e por ser professor de comunicação. Estava realizando meu sonho e o de muitos que desejavam ver os cantores da fé reunidos em assembleia duas vezes por ano, uma no sul e outra no norte ou nordeste do Brasil.

Não deu certo! Deus viu e Deus sabe! Notícias extremamente tendenciosas e negativas, quanto ao propósito do encontro, trouxeram a desconfiança de autoridades que ouviram dizer que eu estava puxando os cantores para a teologia da libertação e para a música política e de protesto. Na verdade estávamos buscando aproximação, unidade e espaço comum de todas as expressões da canção católica. E a ideia nem sequer fora minha. O movimento morreu asfixiado após o primeiro encontro.

Nunca mais nos encontramos, ainda permanecem a dúvida e a desconfiança, e, pelo que sei, nunca mais houve nenhum congresso nacional aberto a todas as expressões da canção católica em geral. Reúnem-se cantores de liturgia ou de um determinaco movimento. Não estão presentes as mais de quinze expressões da canção católica.

Continuo sonhando que, um dia, ainda em vida ou depois que eu me for, os cantores da fé se reunirão ao menos duas vezes por ano, para leigos e sacerdotes que se ocupam da canção repensarem seu papel na liturgia, na mídia e na catequese de rua ou de estádios. Sonhos sufocados hoje podem ressurgir amanhã!

Às vezes, vejo cantores da fé a cantar para multidões com cantores profanos e com irmãos de outras igrejas, o que é bonito e salutar, mas é triste pensar que ainda não conseguimos sentar, juntos e entre nós, para ao menos conversar sobre o dom que Deus semeou em toda a Igreja. Por enquanto o diálogo não mais aconteceu, apesar de muitos o desejarem. Quem sabe, um dia, alguém que vê os rumos das letras e dos ritmos e, às vezes, a carência de doutrina mais sólida na canção dos católicos use de sua autoridade e nos reúna! A ideia não é unificar tudo numa só tendência, mas evitar que se imponha esta ou aquela linha, este ou aquele tipo de canção para 130 milhões de católicos. Imagino que tenha sido essa ideia que impediu segundos ou terceiros encontros.

Exatamente ela: a da unidade na diversidade! No papel é bonito, Na vida real significa cada qual ceder um pouco em favor do ganho de todos. Pergunte a quem está dez ou vinte metros à frente, se ele aceita diminuir o ritmo para que os companheiros a seu lado e ele cheguem juntos. Perdeu a Igreja, ganhou o marketing!

26
OS NOVOS CANTORES DA FÉ

Novos cantores da fé estão tocando e cantando nas igrejas, nos palcos, na rádio, na televisão. Tentam levar seu canto às comunidades. Quem lê as letras e ouve as melodias sabe que ainda faltam abrangência, pesquisa, estudo e catequese renovada. Um dia, se conversarem mais e se, nas mais diversas dioceses e regiões do Brasil, todos se encontrarem orientados por professores de teologia e catequetas de todas as linhas e carismas, eles poderão ajudar a evangelizar o país com seu canto. Agora, o tema louvor tem incidência de 10 a 1 sobre os outros temas da canção religiosa. Os outros temas da fé não são abordados. Meu sonho é ver essa mudança. Não peço menos louvor. Peço mais canções de exortação, de misericórdia, de direitos humanos, de família, de solidariedade. Morrerei batendo nessa tecla. Na cabeça dos cantores da fé, a Bíblia foi reduzida às páginas de louvor.

Se os novos cantores da fé ainda me ouvissem, é isso o que lhes pediria. Poria em suas mãos, além da Bíblia e dos teólogos de nosso tempo, o Catecismo, as encíclicas dos papas, desde Pio XII a Bento XVI, os documentos do Vaticano II, Puebla, Aparecida e outros que vierem, mais as declarações dos bispos brasileiros. É isso que eu faria. Alargaria seus horizontes católicos para fazerem canções que abordassem uns duzentos temas, além do louvor que liberta. É que aqueles temas também libertam!

Agora, porém, quando esses jovens compositores me ouvem falar disso, acolhem-me com um sorriso de compaixão. Devem achar que estou por fora da realidade católica do país e do mundo! Não acreditam que exista coisa mais urgente do que cantar o louvor! Respondo que se os papas pensassem o mesmo, não teriam escrito tantas encíclicas sobre as dores e as esperanças do mundo e da Igreja!... A maioria das canções católicas dos últimos vinte anos não repercutiu o que os papas disseram. Acentuaram apenas o louvor! Fugiram da compaixão e do social. Não mostram pena deste povo que passa dias sem comer direito... Procuram-se cantores que cantem um canto novo e solidário!

27
CHAMEM OS CANTORES

Aos 50 anos de canção católica, penso que posso, em primeiro lugar, incentivar as comunidades a chamar cantores católicos para motivar suas celebrações e festas. Se podem chamar duplas sertanejas para cantar sobre amores perdidos, podem chamar cantores da fé para cantar sobre o amor solidário. Está certo que exijam qualidade, porque muitos grupos religiosos são amadores e pecam nesse item. Mas há os bons que, mesmo assim, não são chamados porque não são da linha de quem convida.

Há excelentes músicos dos mais diversos movimentos de Igreja e há também grupos amadores que não mudam o discurso da primeira à última canção. Não culpem a todos pela falta de criatividade no palco. Há muita gente competente tocando e cantando em nossa Igreja. Então por que chamam uma dupla sertaneja para abrilhantar a festa da matriz e não a eles? Um pároco me disse que alguns grupos só cantam louvor a noite inteira e eles querem balanço e festa. Dei-lhe pelo menos vinte grupos capazes de animar uma festa católica sem cantar apenas louvor. Ele não os conhecia. De fato, eles não têm a mesma mídia que os grupos de louvores. Mas eles existem.

Acho que, depois de 50 anos cantando e viajando pelo Brasil e pelo mundo, 30 anos lecionando Comunicação Católica, posso e devo emitir minha opinião, mesmo que não seja aceita. Não é apenas minha. Leio, pesquiso, gravo programas de televisão, pergunto a sociólogos, comunicólogos, psicólogos, teólogos e pastoralistas, e praticamente todos concordam que há uma saturação de mensagem, excessivamente repetitiva, tanto na mídia católica como na pertecostal e evangélica.

Acabou a novidade

Isto mesmo! Acabou a novidade. Estão quase todos usando os mesmos vocábulos, as mesmas expressões, o mesmo jeito de cantar e introduzir a canção, as mesmas palavras de ordem para levar ao silêncio e à entrega, os mesmos pedidos de braços balançando, as mesmas mãos no peito, os mesmos "entregue-se a Jesus"... É tudo igual, repetitivo e previsível, e as músicas quase sempre dizem as mesmas coisas, uma após outra. São shows monotemáticos.

É bom acentuar uma ênfase, mas há que haver renovação de seu conteúdo. Se querem louvar, porque gostam de louvar e esta é sua vocação, que o façam! É maravilhoso, mas achem outras palavras, outras canções e outras expressões, porque até o salmista se dava conta disso quando mandava os cantores cantarem ao Senhor um canto novo e diferente e que tocassem com maestria (Sl 33,3; 40,3; 96,1; 144,9).

O perigo da mesmice

A mesmice é inimiga da pastoral e da mensagem. Ninguém em sã consciência pode ser contra o louvor, mas pode questionar a maneira como ele é transmitido. Diga-se o mesmo de outras mensagens. Se o povo está indo menos à igreja, chamando menos e achando que, se for, vai ver e ouvir a mesma coisa, se há comunidades de pregadores que mal conseguem se manter, porque não são mais chamadas para pregar ou cantar sua fé, cabe aos cantores renovar a linguagem falada, cantada e coreografada, para que as pessoas percebam ali um canto novo e diferente.

Se querem ressaltar as encíclicas sociais, a vida familiar, a fome do povo e a resposta da Igreja, se querem cantar cantos de justiça e paz, que o façam! Mas atualizem, o tempo todo, sua linguagem. Se querem louvar, porque louvar é seu chamado, atualizem suas expressões e linguagens. A Bíblia diz que devemos louvar, mas não manda só louvar, nem louvar todos do mesmo jeito. E ainda acrescenta que se cante um canto novo (Sl 98,1; 149,1). E pede que se toque direito e com alegria (Sl 33,3).

28
HERDEIROS DE SANTO EFRÉM

PZ

Na Idade Média e pelos séculos seguintes, até o século 19, os compositores eram chamados a compor missas, peças clássicas para deleite dos áulicos e dos hóspedes do rei. Sua missão era, também, ensinar música para aqueles talentos que aparecessem. Foi assim com Mozart, Bach e compositores famosos. Entre eles houve sacerdotes, como Vivaldi e Palestrina na Itália. No Brasil houve um sacerdote negro chamado José Maurício que também compôs peças sacras de elevado valor artístico.

A missão de muitos músicos famosos também era compor "réquiens" e liturgias especiais para os atos solenes das igrejas e catedrais. Eram muito valorizados, muito requisitados e muito admirados. Alguns deles foram um tanto quanto irreverentes, mas outros levavam seu papel a sério. Fizeram disso seu caminho na Igreja e até caminho na vida de santidade.

Mas o ministério ficou esquecido por um tempo, e o velho organista das catedrais, as cantoras dos corais foram substituídos por amadores que não tinham a música como profissão e vida. Dali por diante, na maioria das Igrejas, não só aqui, mas em muitos outros países, alguém que não sabia cantar nem tocar direito, mas que tinha enorme boa vontade, fez esse papel, porque as Igrejas e os governos já não pagavam o artista. Já não reservavam dinheiro para o cantor do coro, e com isso a música ficou nas mãos de amadores e voluntários. Em certo sentido, democratizou-se, mas acabou com a profissão de cantor religioso. Exceto por alguns santuários, como o de Aparecida, que contrata excelentes cantores e cantoras, ainda reina o amadorismo nos templos.

Em algumas igrejas estão voltando, aos poucos, os músicos profissionais, cristãos que assumem essa tarefa como sua profecia. Há padres, reverendos, religiosas e leigos que assumem a arte como tarefa de evangelização. Muitos grupos jovens fazem desse seu serviço na Igreja, dando shows para multidões, cantando e abrilhantando liturgias. Que se multipliquem!

29

VERDADES SOBRE A MÚSICA CATÓLICA

PZ

Aos 50 anos de composição e de canção católica, creio ter algo a dizer aos que afirmam ter recebido alguma influência de minha parte. Aos outros, eu não saberia o que dizer. Deverão consultar seus mestres. Para quem pede que eu me pronuncie, eis algumas reflexões.

* A música católica tem séculos de existência.

* Grandes músicos católicos fizeram história.

* A Igreja aprendeu música com outras religiões; também a ensinou.

* A boa música aproximou irmãos das mais diversas igrejas.

* Alguns católicos e evangélicos preconceituosos proibiram seus discípulos de cantar músicas de outras igrejas, mesmo quando o texto em nada contrariava a doutrina de sua Igreja.

* Há excelentes compositores e intérpretes católicos no Brasil. As letras e as melodias estão aí para confirmar esta verdade.

* A música católica tem melhorado sensivelmente nas últimas décadas.

* Duas vertentes marcam a música dos católicos: a vertente do louvor e a vertente da solidariedade.

Eis algumas das muitas verdades sobre a canção católica. Mas há outras verdades menos agradáveis de se lembrar. E convém que as encaremos.

* Há sectarismo por parte de alguns grupos e algumas mídias. Não vendem nem executam canções de outros grupos e outras igrejas. Precisam vender o que produzem e acabam impondo suas canções, porque possuem maior poder de mídia.

* Nem sempre as composições cantadas na missa respeitam as normas litúrgicas.

* Há textos cantados nas missas e editados por gravadoras católicas que ferem a ortodoxia e a catequese.

* Muitos autores nunca leram o Catecismo da Igreja Católica, por isso alguns textos chegam a ser heréticos.

* Muitos cantores e compositores desconhecem as encíclicas sociais e os documentos sobre a liturgia, por isso suas canções não respeitam as normas oficiais.

* Há emissoras católicas que não tocam senão canções de um grupo. Ignoram as dos outros.

* Instalou-se em alguns grupos um forte preconceito contra as canções de outras vertentes. Não tocam, não aprendem, não cantam junto e, quando podem, impõem na paróquia as canções de seu movimento.

* Não há espaço para outros iluminados.

* Há um tipo de sectarismo que impede músicos de cantarem juntos, um a canção do outro.

Recentemente, uma jovem propunha, na televisão, que católicos não cantassem canções de outras igrejas. Para começo de conversa, teríamos de parar de cantar Haendel e Bach e os evangélicos deveriam proibir Palestrina e Vivaldi, que eram sacerdotes católicos.

Mesmo sendo alertadas, algumas comunidades insistem em cantar e tocar canções de sentido dúbio para a fé. Por exemplo, a conhecida frase de uma canção executada nas missas: *"Quero amar somente a Ti"* nega o essencial do cristianismo e o texto de Mc 12,28-32. Deus não quer que amemos somente a Ele. A mencionada canção vai contra a fé cristã. Mas é cantada em cultos e missas. Assim são inúmeras outras. Os corais e grupos nem sempre são felizes nas escolhas das canções. Não olham o texto. Olham mais a melodia.

Há muito que se elogiar e muito a ser corrigido. Um debate sincero e honesto em todas as comunidades e grupos de cantores ajudaria, em muito, a fé católica. Como está, deixa muito a desejar. Este diálogo deve ser feito sob direção de bispos e sacerdotes serenos que reúnam cantores de todas as linhas e tendências. Faz falta na Igreja. Toda vez que um grupo se torna hegemônico, a Igreja fica mais pobre. A meu ver, está havendo mais fechamento do que abertura. É por ela que me pronuncio. Quem tem mais poder de mídia está impondo sua canção. Não é cristão, não é católico e não é santo.

30

CANTAR SEM ESPERAR APLAUSOS

PZ

Quando canto, pedindo ao rico que dê mais e reparta; ao fanático, que respeite a fé do outro; ao dono do poder, que o partilhe; quando peço diálogo entre as igrejas, quando canto contra o aborto ou em favor dos oprimidos, meu canto começa a incomodar. Aí já não encontro tantos patrocinadores, nem tanta gente que deseje me ouvir. E então? Cedo para vender e ser tocado? Mudo meu canto para poder ser convidado e ter os estádios cheios ou sigo minha consciência? Quem me ouve há décadas já sabe que caminho foi o meu. Quero ser popular, mas não à custa de minhas convicções.

Há uma canção que dói, quando o cantor pede qualidade. Se o som não está bom, será difícil dar o show que esperavam. Somos, então, malvistos e malfalados, porque "exigimos" de um lugar pobre um bom som. Acham que cobramos caro e queremos demais. Pedimos água no palco para podermos cantar direito por três horas; pedimos um sanduíche ou frutas porque chegar de viagem e cantar com fome é impossível. Pedimos um banheiro, porque sair do palco, atravessar no meio do povo para ir ao banheiro lá no outro lado às vezes fica impossível. O povo quer falar e nos segura. Há organizadores que entendem isso como ofensa.

Já houve cantores que literalmente molharam as calças porque o povo não os deixava ir ao banheiro. Chega uma hora em que o som não sai e o corpo tem fome. Acrescamos a isso viagens de oito ou dez horas de avião, mais cinco de carro. Poderíamos não ir, mas, então, aquele povo não teria o que deseja: ouvir ao vivo quem chegou a eles em disco. Pobre tem o direito a nossa presença. Para o pároco, nossa presença pode ser impulso para muitos meses de pregação. Se o conteúdo do show for denso, ele tirará proveito disso.

Por isso, vale a pena ir cantar. Fácil não é, mas também não é fácil ser bispo ou ser pároco. Cada qual com seus méritos e com suas cruzes. Cantores da fé também as têm. Critiquem-nos se formos exigentes demais. Mas aceitem o fato de que para cantar há que haver o mínimo necessário.

31
CANÇÃO DE APROXIMAR

PZ

Existe uma canção verdadeiramente eclesial e ecumênica. Se for católica, qualquer católico assina embaixo. Se for evangélica, qualquer evangélico assina embaixo. Se for para aproximar e suas palavras são ecumênicas, qualquer religioso assina o texto.

Há, pois, uma canção claramente católica, porque destinada aos católicos; outra claramente evangélica ou pentecostal, porque destinada a quem crê com aquele enfoque; e há uma ecumênica, porque se dirige aos crentes em geral ou a todos os de boa vontade.

Se queremos que nossa canção aproxime os católicos, ela tem de ser aberta a todos os católicos e não pode ter letra que se feche em apenas um movimento ou em apenas uma experiência de fé católica. Se vai ser cantada na missa, precisa ter letra que combine com os textos daquele dia e todos os católicos admitam e entendam. Se o autor chama São Miguel Arcanjo para vir com sua espada luminosa expulsar os demônios daquele lugar, sua canção não será aceita pela maioria dos católicos, porque a ênfase não é mais essa. Espada luminosa que expulsa demônios não é mais linguagem da Catequese Renovada. Se algum grupo ainda insiste nessas expressões, que não se cante tais palavras na missa onde há outros que não comungam dessa visão catequética de ontem.

Uma leitura dos documentos da Igreja e do Catecismo mostra que há outros enfoques mais atuais no combate ao pecado. Mas se algum grupo insiste nisso, que cante apenas em suas assembleias, e não na missa paroquial onde a maioria dos católicos segue um outro enfoque! Se o bispo quer outro tipo de canções, vale a palavra dele. Não é porque você tem a guitarra e a direção do canto, e é do movimento XYZ que gosta muito de falar em demônios, anjos bons e maus, espada e inferno, que vai impor sua linha de pensamento na paróquia.

32
A CANÇÃO QUE SEPARA

PZ

Há uma canção que aproxima as religiões, os crentes e até os ateus. Há outras que separam. Quem canta dizendo que *sem Maria não haveria salvação*, canta errado e do jeito errado. Não é isso que a Igreja católica diz sobre Maria. Se quer ensinar que Maria leva ao Cristo, diga-o de maneira mais clara. Há uma canção que aproxima, porque é clara e não foge da catequese, e outra que afasta, porque é agressiva ou dúbia. Os cantores da fé escolham canções que aproximam. Não precisam renunciar a suas convicções. Basta que saibam diante de quem estão cantando.

O grupo evangélico que cantou em um encontro ecumênico o texto *"só Jesus é quem liberta, não adianta orar aos santos de barro"* agrediu e separou. O grupo católico que cantou *"quem não ama a mãe Maria, não ama o Filho Jesus"* também ofendeu. Se o encontro era ecumênico, deveriam tomar o cuidado de não dar indiretas. Os dois grupos foram imaturos. Canção religiosa deve aproximar e não levar à guerra.

33

MEIO FAMOSO, MEIO ANÔNIMO

PZ

No shopping Ibirapuera, o menino de 9 anos me perguntou se eu já fora famoso como o Padre Marcelo e o Padre Fábio e se eu já havia cantado "na Globo". Respondi que não. Não a esse ponto. E ele quis saber o quanto eu fui famoso. Com um sorriso e um puxão no nariz dele respondi: *Até onde eu quis ser. Cada um escolhe até que ponto e aonde quer ir. Eu quis ser apenas meio famoso!*

Ele achou graça, mas a mãe concluiu: *Eu estudei no colégio onde se ensinava com os livros e as canções dele. Ele escolheu ser mais ouvido do que visto.*

Isso! Ela resumira minha escolha. Não foi nem melhor, nem pior que a dos outros. Foi apenas uma escolha.

Sei que sou bastante conhecido, mas não usaria a palavra *"famoso"*. Estou cada dia menos famoso, e isso está bem no esquema do que me propus. Quando pudesse, cederia minha vez. É o que tenho feito. Famosos são Pelé, Roberto Carlos, Xuxa e outros. Mal podem andar na rua. Um dia poderão. Sua fama não causará mais impacto. Eu posso andar sossegado pela rua e pelas feiras. Então não sou famoso. Acho que apenas uma em cada 50 pessoas perto de nosso instituto me conhece. Não virei mito nem ídolo e não preciso de guarda-costas. Muita gente nem sabe que existo. Os católicos em grande número já ouviram meu nome. Iam à missa no tempo em que se cantavam e se tocavam mais minhas canções. Hoje, quando reconhecem, tratam-me bem, mas sem frisson. Acho que consegui controlar as rédeas da fama que não poucas vezes me ofereceram grandes caronas. Não fui aos programas que poderiam me catapultar. Mas foi escolha minha. Não posso censurar quem aceitou.

Sem perder a liberdade

Consegui ficar conhecido sem perder a liberdade e a individualidade. Agradeço a meus superiores e amigos que me abriram os olhos desde o começo para o perigo da fama ou do excesso de imagem. Agradeço à gravadora COMEP que sempre respeitou minhas convicções. O ibope e os índices de audiência não me preocupavam nem preocupam. Digo o que penso e, se preciso, bato de frente com a multidão. Conto um episódio.

Houve um dia em uma cidade onde vaiaram o prefeito assim que mencionei seu nome. Expliquei ao povo que ele cedera o estádio para os católicos, viera cumprimentar-me e viajara para não interferir politicamente no show, e, além disso, ajudara nas despesas do espetáculo. Eu agradecera a todos, inclusive à oposição, por que discriminaria o prefeito?

E disse ao povo: *"Não gostei. Se não gostam do trabalho dele, mostrem isso nas urnas, mas em show meu ninguém vaia prefeito. Não fiquei padre para ensinar meu povo a vaiar quem foi eleito pelos outros. Ele pode não ter sido eleito por vocês, mas é a autoridade do município. Católico discorda, mas não vaia autoridade constituída".* Pedi um aplauso também para o prefeito, a começar do canto por onde as vaias começaram. O bispo estava presente e me elogiou pela coragem de bater de frente com o povo. Na democracia discorda-se, mas não se vaia uma autoridade.

Não fiquei padre para cantar bonito e ganhar tapinhas nas costas. Fiquei padre para ensinar fé e cidadania! Se puder agradar, eu agrado, mas se tiver de falar, eu falo! Venderei menos CDs e menos livros, mas quem tinha de ouvir a catequese ouviu! Não uso a canção para meu proveito, mas para evangelizar. Se tiver que dar uma de João Batista eu dou, nem que venda menos álbuns e livros por causa disso! De maneira geral, porém, sou bastante brincalhão com o povo. Aprendo muito com ele. Mas tenho o dever de ensinar e ensino. Não vivo de buscar aplauso. Se estou durando há 50 anos, deve ser porque o povo entende meu riso e, às vezes, minha severidade. Leiamos as cartas de Paulo...

34

APENAS UM RIO QUE PASSA

PZ

Minha canção não é importante nem indispensável.
Sou apenas mais um cantor entre os milhões que cantam.
Se eu parasse de cantar o mundo ainda giraria,
o sol ainda brilharia e a chuva ainda molharia as flores,
meu país continuaria o mesmo
e minha Igreja continuaria louvando e celebrando, sem mim.

Sou apenas um pouco água de riacho que passa.
Se eu me calar, em menos de três anos estarei esquecido.
A Igreja é muito rica de gente nova e de novidades.
Ninguém dura para sempre.
Minhas mensagens sobreviverão se tiverem conteúdo eclesial.

Minha palavra e minha canção não são importantes.
Se eu me calasse, o mundo nem perceberia que me calei
porque, hoje, exceto por uns poucos,
ele nem sabe que eu existo, escrevo, prego e canto.
Sou apenas um pouco de vento que sopra aqui e agora,
em apenas alguns ouvidos.

Por isso, não darei à minha palavra nem à minha canção
maior importância do que elas têm.
Minha canção não mudou nem mudará o mundo.
Há salmistas melhores do que eu e vozes,
palavras e canções mais bonitas do que as minhas
na Igreja onde eu canto.

Muitos jovens já me suplantaram e me suplantarão.

Alguns irmãos me acham famoso,
mas eu me acho apenas um cantor de Igreja
que em alguns momentos fala com Deus cantando.
Nunca pensei ser mais do que isso!

Há porta-vozes da fé que se acham importantes
porque sua palavra foi repetida.
Tomarei cuidado com minha canção.
Ela não pode ser mais importante do que é.
Meu violão não pode substituir nem a Bíblia, nem o Cálice,
nem a Palavra do Papa e dos Bispos
que grafo com letras maiúsculas
para não esquecer o meu lugar na Igreja.

Sou apenas profeta menor que canta, mas profeta menor.
Graças a Deus há profetas melhores e maiores
do que eu na nossa Igreja.

Por isso, da próxima vez que me chamarem para cantar,
escutem minha voz e meu violão e cantem comigo,
mas não olhem demais para mim;
eu não tenho o que a Igreja de sua diocese tem a lhes oferecer.
Sou seta que aponta o caminho.
Não parem em mim porque Jesus é mais adiante.
Eu não passo de um rio que passa.

35
CANÇÃO QUE, ÀS VEZES, DÓI

PZ

Não me pergunte o que torna bom um cantor religioso. Não pergunte por que não sei responder a contento. Mas digo que depende da capacidade que ele tem de sofrer pelo Reino; depende da canção, do cantor e de quem o ouve; da canção, porque pode ser que ela não toque os ouvintes; do cantor, porque pode ser que ele não tenha ainda entendido o que é cantar a fé; de quem o ouve, porque pode ser que não esteja procurando esse tipo de mensagem.

A canção é uma forma de comunicação que, em alguns aspectos, é melhor e noutros, muito, mas muito inferior ao discurso falado. O fato de se apresentar bem, cativar o povo e cantar bonito e afinado, não faz de ninguém um profeta. Se a canção não edifica e não constrói, não é profecia. Tem muito a ver com a vida. Quem não quer a controvérsia e não tem coragem de dizer o que pensa, vive apenas um sonho cor de rosa, mas isso não é canção religiosa.

Quem não tem coragem de sofrer e dizer e cantar o que pensa, não deve subir num palco. Nenhum cantor vai receber apenas aplausos. Se só receber elogios, desconfie! Jesus, que não dava shows e não se fazia acompanhar de músicos, mas sabia comunicar e tinha o que comunicar, assim mesmo, ou talvez por isso, acabou na cruz. Se só tivesse dito coisas lindas e agradáveis, talvez tivesse morrido entre lençóis de linho ou de púrpura, num leito cheio de flores, patrocinado por algum ministro graduado de Herodes. O governador o teria convidado a falar da sacada do palácio. Os grandes o teriam enchido de ouro de honrarias por sua liderança política e religiosa a favor deles.

36
DE PUEBLA A APARECIDA
PZ

Sou de trabalhar calado e quieto em meu canto, mas como muita gente pede uma reflexão minha, imagino que isso possa ajudar. Ninguém tem de pensar ou agir como eu agi no mundo da canção religiosa. Posso ser, como querem meus amigos, referência para eles, da mesma forma que Padre Jonas é referência para os jovens da Canção Nova, mas não sou o termômetro da música e da pregação na Igreja. Nem poderia. Existem catecismos e documentos que deixam bem clara a missão daquele que fala e canta para povo. A declaração de Puebla, que não foi revogada nem jogada fora, fala forte nos números 375-376. E eu cito textualmente:

> Os teólogos prestam serviço importante à Igreja: sistematizam a doutrina e as orientações do magistério em uma síntese de contexto mais amplo, traduzem-na para uma linguagem adaptada ao tempo: submetem a uma nova investigação os fatos e as palavras reveladas por Deus, para referi--las a novas situações socioculturais, ou a novas descobertas e problemas suscitados pela ciência, pela história ou pela filosofia. Servindo assim à Igreja, procurarão não causar prejuízo à fé dos fiéis seja com explicações difíceis, ou divulgando questões discutidas e discutíveis.
>
> Existe um pluralismo bom e necessário que procura exprimir as legítimas diversidades sem afetar a coesão e a concórdia, existe um pluralismo que fomenta a divisão.

Isso que foi dito do teólogo, diga-se também do cantor. A evangelização autêntica supõe um amor preferencial e a solicitude para com os pobres e necessitados (Puebla 382). Se nossa canção não fala deles e não tenta mudar a sorte deles, nosso louvor é vazio. Imagino que Jesus diria também a nós padres compositores e cantores e aos leigos que conosco fazem música:

> Se tiveres uma canção na boca diante do altar e te lembrares que teu irmão tem alguma razão de queixa contra ti, vai estabelecer a paz com ele e depois venha cantar o teu louvor (cf. Mt 5,23-24).

Vou mais longe. Imagino Jesus dizendo:

> Se tiveres canções de louvor para me exaltar e não te sentires bem cantando canções sobre a dor do meu povo, deixa essas canções de lado e vai aprender a cantar as dores do povo. Depois venha cantar teus cantos de louvor. Quem só canta meus louvores, está fugindo de sua missão de ir ao povo e cantar suas outras realidades. Quem não toma sua cruz e as cruzes do outros e não me segue, não é digno de mim.

Imagino que Jesus dissesse também isso. Há lógica em sua pregação. Pode não estar na Bíblia, mas está no bom senso e nos documentos da Igreja. São João chamou de mentiroso quem diz que ama a Deus a quem não vê e nem sequer nota seu irmão a quem vê (1Jo 4,20).

37
CANTORES, ABRAM SUAS BÍBLIAS

PZ

Leiam, sublinhem, pesquisem! Verão como em Israel era importante cantar para Deus e diante do povo de Deus. Improvisar e cantar de qualquer jeito era desrespeito para com o povo e para com Javé.

O povo hebreu não esqueceu seus cantores

– Eclo 44,1-9: "[1]Vamos fazer o elogio dos homens ilustres, nossos antepassados através das gerações. [2]O Senhor neles criou imensa fama, pois mostrou sua grandeza desde os tempos antigos. [3]Alguns exerceram autoridade de rei e ganharam fama por seus feitos. Outros, por sua inteligência, tornaram-se conselheiros e fizeram revelações proféticas. [4]Uns guiaram o povo com suas decisões, compreendendo os costumes de sua gente e tendo palavras sábias para instruí-la. [5]Outros compuseram cânticos melodiosos e escreveram narrativas poéticas. [6]Outros ainda foram ricos e cheios de poder, vivendo na paz em suas casas. [7]Todos, porém, foram honrados por seus contemporâneos e glorificados enquanto viviam. [8]Alguns deixaram o nome, que ainda é lembrado com elogios. [9]Outros não deixaram nenhuma lembrança e desapareceram como se não tivessem existido. Foram-se embora como se nunca tivessem estado aqui, tanto eles como os filhos que tiveram".

– 2Cr 35,24-25: "Foi enterrado no túmulo de seus antepassados, e todo o Judá e Jerusalém fizeram luto por ele. [25]Jeremias compôs uma lamentação em honra de Josias, e até hoje cantores ainda cantam essa lamentação por Josias. Tornou-se um cântico tradicional em Israel e se encontra nas Lamentações".

Cantores nas grandes festas

– Ne 12,27-29: "[27]Por ocasião da dedicação das muralhas de Jerusalém, os levitas foram convocados de todos os lugares onde moravam para irem a Jerusalém, a fim de celebrar a dedicação com festa e ação de graças, ao som de címbalos, cítaras e harpas. [28]Reuniram-se, então, levitas encarregados dos cânticos, vindos do distrito de Jerusalém e redondezas, das cidades dos netofatitas, [29]de Bet-Guilgal, da zona rural de Gaba e de Azmot, pois os cantores tinham construído aldeias nos arredores de Jerusalém".

Cantores eram amados e pagos

– Ne 12,44-47: "Os judeus estavam contentes com a função dos sacerdotes e levitas, [45]pois eles se ocupavam do culto de seu Deus e do ritual de purificação, conforme as instruções de Davi e de seu filho Salomão. Também estavam contentes com os cantores e porteiros. [46]Desde os tempos de Davi e Asaf, havia chefes de cantores e dos cânticos de louvor e ação de graças a Deus. [47]É por isso que, nos tempos de Zorobabel e Neemias, os israelitas proviam diariamente às necessidades dos cantores e porteiros. Também faziam ofertas aos levitas que, por sua vez, entregavam aos descendentes de Aarão a parte que cabia a estes.

Canções antigas eram resgatadas

– 2Cr 7,3-6: "Vendo o fogo descer e a glória de Javé repousar sobre o Templo, todos os israelitas se prostraram, levando o rosto até o calçamento do chão, adorando e louvando a Javé, 'porque ele é bom, porque seu amor é para sempre'. [4]O rei e todo o povo ofereceram sacrifícios diante de Javé. [5]O rei Salomão ofereceu em sacrifício vinte e dois mil bois e cento e vinte mil ovelhas. Foi assim que o rei e todo o povo inauguraram o Templo de Deus. [6]Os sacerdotes executavam suas funções e os levitas celebravam a Javé com os instrumentos musicais feitos pelo rei Davi para acompanhar os cânticos de Javé, 'porque seu amor é para sempre'. Eram eles que executavam os louvores compostos por Davi. Ao lado deles, sacerdotes tocavam trombetas e todo o Israel permanecia de pé".

Quando o cantor e rei Salomão desviou-se de Deus

– Eclo 47,14-20: "[14]Como você foi sábio na juventude e transbordou de inteligência como um rio! [15]Sua fama recobriu a terra, e você a encheu de sentenças enigmáticas! [16]Seu nome chegou até às ilhas distantes, e você foi amado em sua paz. [17]Todo o mundo admirou você por seus cânticos, provérbios, sentenças e respostas. [18]Em nome do Senhor Deus, que se chama Deus de Israel, você acumulou ouro como estanho e multiplicou a prata como chumbo. [19]Mas você entregou seu corpo a mulheres, deixando que elas o dominassem. [20]Assim, você manchou a sua glória e profanou a sua descendência, a ponto de atrair sobre seus filhos a ira divina, fazendo-os sofrer com a sua loucura".

– 2Sm 19,36: Cantores e cantoras.

– 1Rs 10,12: Cítaras e harpas para os cantores.

– 1Cr 9,33: Cantores, chefes de famílias da tribo.

– 1Cr 15,16: Organizarem seus irmãos cantores.

– 2Cr 9,11: Harpas e cítaras de sândalo para os cantores.

– 2Cr 35,15: Cantores da família de Asaf.

– Esd 2, 65: Duzentos cantores e cantoras.

– Esd 7,24: Cantores, isentos do imposto do Templo.

– Ne 7,1: Nomeados os porteiros, cantores e levitas.

– Ne 7,44: Cento e quarenta e oito cantores.

– Ne 11,22: Cantores serviam no Templo.

– Ne 11,23: Cantores, regulamento fixado pelo rei.

– Ne 12,29: Cantores tinham construído aldeias.

– Ne 12,42: Cantores entoaram um hino sob a direção.

– Ne 12,45: Estavam contentes com os cantores.

– Ne 12,47: Cantores recebiam ajuda de custo.

– Sl 68,26: Na frente iam os cantores, atrás os harpistas.

– Ecl 2,8: Cantores e cantoras contratados.

– Eclo 50,18: Cantores, música melodiosa.

Cantar e dançar para o senhor

– Êx 15,1: Vou cantar a Javé, por sua vitória.

– Jz 5,3: Escutem, governadores! Eu vou cantar, cantar para Javé.

– 1Cr 6,17: O ofício deles era cantar diante da Habitação da Tenda.

– 1Cr 25,7: Asaf, Iditum, Eman tinham aprendido a cantar para Javé.

– 2Cr 8, 14: Levitas: cantar e oficiar na presença dos sacerdotes.

– Tb 12,18: Anjo Rafael manda cantar para Javé hinos.

– Sl 13,6: Vou cantar a Javé por todo o bem que fez.

– Sl 42,9: Durante a noite eu vou cantar uma prece a Deus.

– Sl 57,8: Meu coração está firme. Vou cantar e tocar!

– Sl 59,17: Quanto a mim, vou cantar o louvor.

– Sl 101,1: Davi anuncia: Vou cantar o amor e a justiça.

– Sl 104,33: Davi insiste: Vou cantar para Javé, enquanto eu viver.

– Sl 137,4: Como cantar um canto de Javé em terra hostil?

– Sl 147,1: Louvem a Javé, pois é bom cantar.

– Is 14,4: Canção política contra o rei opressor.

– Is 26,19. Até os mortos ressuscitarão e cantarão.

– Ez 19,14. Um canto de dor se canta com tristeza.

– 1Sm 18,6: Canto político do povo pela vitória de Davi.

– 1Sm 21,12: Canção de cunho político. O povo dançava por Davi.

– 2Sm 6,5: Canção política e de guerra diante de Javé, cítaras, harpas, tamborins, pandeiros e marimbas.

– Cr 13,8: Marchou na frente do batalhão, cantando e louvando.

– 1Mc 4,24: Canto político, de guerra.

– 2Mcb 12,37: Canto de guerra na língua materna.

– Sl 126,6: Vão tristes a semear, ao regressar, voltam cantando.

– Eclo 17,8: Louvarão seu nome santo, cantando.

– Is 51,11: Estarão de volta a Sião, cantando e com alegria sem fim.

– Dn 3,24: Cantavam a Javé enquanto eram martirizados no fogo.

– Ef 5,19: Proposta de cantar hinos e cânticos inspirados.

Cantar um canto de fé

– Jt 16,13: Cantarei a meu Deus um cântico novo.

– Sl 89,2: Cantarei para sempre o amor de Javé.

– Sl 108,2: Para ti cantarei e tocarei, ó glória minha.

– Sl 144,9: Ó Deus, eu cantarei para ti um cântico novo.

- Sl 145,5: Cantarei o relato das tuas maravilhas.
- Sl 145,6: Cantarei a tua grandeza.
- 1Cor 14,15: Com a minha inteligência e com o meu espírito cantarei.
- Hb 2,12: No meio da assembleia cantarei os teus louvores.
- Sl 119,172: Que minha língua cante a tua promessa.
- Is 23,16: Toque com habilidade, cante muitas canções, para ver.
- Tg 5,13: Está sofrendo? Reze. Está alegre? Cante.
- 1Rs 5,12: Salomão compôs três mil provérbios e 1.005 cânticos.
- 1Cr 25,6: Todos participavam dos cânticos do Templo de Javé.
- 2Cr 7,6: Cantavam os cantos de Davi para louvar Javé.
- 2Cr 23,18: Louvavam a Javé com cânticos compostos por Davi.
- 1Mc 4,54: Altar foi consagrado em meio a cânticos e música ao som de cítaras.
- 1Mc 13,47: Entrou na cidade cantando hinos e ações de graças.
- Sb 18,9: Catequese memorial: Fariam isso entoando os cânticos dos antepassados.
- Eclo 44,5: Outros compuseram cânticos melodiosos e escreveram.
- Eclo 47,9: Usou da harpa, para embelezar os cânticos.
- Eclo 47,17: O mundo admirou você por seus cânticos e sentenças.
- Ef 5,19: Recitem salmos, hinos e cânticos inspirados.
- Dt 31,22: Moisés escreveu este cântico e o ensinou aos israelitas.
- 2Sm 22,1: Davi dedicou a Javé este cântico, quando Javé o libertou.
- 2Cr 35,25: Ezequias por Josias tornou-se um cântico tradicional.
- Jt 15,14: Judite entoou este cântico de ação de graças.
- Sl 33,3: Cantem para ele um cântico novo, toquem com arte.
- Sl 40,4: Pôs em minha boca um cântico novo.
- Ap 14,3: Era um cântico novo. Ninguém podia aprender.

Músicas e canções religiosas

- Eclo 40,19: Vinho e música alegram o coração; mas acima
- Eclo 47,9: Cânticos ao som da música.
- Eclo 50,18: Canto era acompanhado por música melodiosa.
- Am 5,23: Nem quero ouvir a música de suas liras.
- Lc 7,32: Tocamos e vocês não dançaram; cantamos música triste, e vocês não choraram.
- 1Cr 15,28: Clarins e címbalos, além da música de liras e cítaras.

Tocar para Javé

- Gn 4,21: Tocadores de lira e flauta.
- 2Rs 11,14: Oficiais e tocadores de trombeta junto ao rei.
- 1Cr 16,42: Tocadores de trombetas e címbalos.
- Sl 68,26: Tocadores de harpa, no meio, as jovens.
- Eclo 47,9: Diante do altar tocadores de harpa, para embelezar.
- Mt 9,23: Jesus viu os tocadores de flauta e uma multidão.
- Sl 146,2: Vou tocar ao meu Deus, enquanto existir!
- Is 18,3: Olhem para ela; quando tocar a trombeta, escutem-na.
- Mt 6,2: Você der esmola, não mande tocar trombeta na frente.

38
CANTAR NÃO MUDA MUITA COISA

PZ

O mundo é feito de pessoas felizes e infelizes.
As pessoas felizes são pessoas satisfeitas;
satisfeitas com o amor que encontraram,
com os amigos que fizeram,
com as coisas que têm e com a situação em que vivem.

Mesmo que a família que têm esteja cheia de defeitos,
mesmo quando o amor que encontraram não foi o amor perfeito,
mesmo quando as coisas que possuem
são poucas ou sem muito valor.
Estão felizes e são felizes porque amam e são amadas.

O mundo também está cheio de pessoas infelizes.
Não estão satisfeitas com a família que têm;
marido explosivo e insensível; esposa encrenqueira;
filhos complicados.

Vivem presos ao amor que nunca encontraram,
ou que encontraram e não satisfez, e não satisfaz até agora.

Mal-amados, malcasados, mal-realizados; eles e elas sofrem.
O que possuem não é o suficiente para fazê-los felizes.

Os amigos não são suficientes.
Alguma coisa está errada no que são,
no que desejam, no que possuem, no que sonham possuir.

Mas a verdade é uma só.
Não se sentem suficientemente amados
e não conseguem amar o suficiente.

É para essas pessoas que falamos e cantamos.
Para os felizes, a fim de que não descansem nunca na sua
felicidade. Passem-na adiante.

Para os infelizes, para que não procurem lá fora nos outros
uma resposta que só pode vir de dentro deles.

Cantar não muda muita coisa, mas já fez muita gente feliz.
Se ao cantarmos lá naquele palco uma só pessoa sair de lá
com um sorriso de paz inquieta no coração e no rosto,
terá valido o esforço.

Somos cantores da fé!
Que Deus nos ajude a dizer o que é certo
e a cantar o que é certo, e do jeito certo!

39

TRABALHADORES A SERVIÇO DA EMOÇÃO

PZ

O mundo sobrevive por causa dos trabalhadores. Como não poderia deixar de ser, o mundo também se alimenta de novidades, de arte, de alegria, de sentimentos. Entre os trabalhadores que se dedicam a mexer com os sentimentos das pessoas e torná-las melhores, interpretando suas vidas, suas dores, suas alegrias, há os escritores, trabalhadores do teatro, do cinema, e os da canção.

Cantar é um serviço exigente e cansativo. Inclui ensaios, dia após dia, renovação de repertório, aprendizado permanente, cuidados permanentes com a saúde, com a garganta, viagens ininterruptas para ir levar a canção lá onde o povo está. E há o risco do fracasso, o momento de êxtase e de alegria e do aplauso, e, outra vez, o risco do fracasso, porque sempre vai haver quem gosta e quem não gosta, quem vai e quem não vai. É uma profissão de alto risco. Cantores e músicos são almas que trabalham duramente na esperança de fazer o povo dançar, rir, cantar e chorar junto. Nem sempre acertam.

Benditos os que descobriram que cantar é um serviço e cobram pouco por sua canção. O risco de se tornarem mercenários será pequeno.

40

AFIRMAR A IDENTIDADE

PZ

O que estamos vendo nos últimos tempos na mídia são igrejas a afirmar sua identidade. E isso é bom. Mas todo o cuidado é pouco na escolha das palavras. Não caminhamos por décadas longa e penosamente na direção do ecumenismo para cairmos, agora e mais uma vez, no jogo das igrejas aguerridas e proselitistas, ou de alguns grupos católicos mais fechados. Não é uma boa marcha. Não dá uma boa canção, isso de ferir os outros por conta de sua fé. Não pode ser cristã uma canção que proclama que o outro está no inferno. Não pode ser bom cantor quem desvaloriza a canção do outro, só porque não é de sua igreja ou de seu grupo.

Parecem lados em guerra, cada qual cavando sua trincheira para, depois, negociar em posição de força. O jogo está virando político. O arregimentar de massas parece seguir essa estratégia. Mais cedo ou mais tarde o povo se sentirá bucha de canhão e massa de manobra. E os músicos e cantores terão contribuído para isso. Certos slogans mais ferem que ajudam. Um deles que vi transformado em canção é a coisa mais anticatólica que já vi: *Sou católico. Os incomodados que se convertam!* Não é canção, é um porrete!

41
FECHAMENTOS E RETALIAÇÕES
PZ

O grande risco de um cantor ou de seu grupo editorial é fechar-se. Quando alguém que detém os direitos de alguma mídia católica só convida os de seu lado e de sua espiritualidade, e sistematicamente isola quem não ora, nem pensa, nem fala como eles, aquela mídia fica mais pobre, a Igreja sai prejudicada e aquele grupo não cresce.

Um dia terá de pedir perdão aos outros catequistas e apóstolos a quem negaram sua mídia, por mágoa, ira e incapacidade de aceitar observações e críticas.

Agir como se Deus só iluminasse e abençoasse quem os admira e elogiar e negar espaço a quem propõe outra forma de viver o catolicismo, forma aceita e abençoada pelos bispos, é discriminar. E isso não é cristão. Mídia católica pertence a toda a Igreja, e não apenas ao grupo que a criou.

42
O DEMÔNIO DA VAIDADE

PZ

Conto uma história em nada agradável, mas, omitido o lugar e os personagens, deve ser contada. O show fora programado para mim. Seríamos eu e meu grupo a animar aquelas preces, reflexões e catequeses. Estávamos no camarim do grande estádio a ultimar os preparativos, com a presença do representante do bispo. Este viria depois.

Eis que senão quando, sem nenhum aviso prévio, um leigo começou a pregar, orar, oferecer curas e orar em línguas. Eu não havia percebido o conteúdo. No camarim o som chegava tênue. Pensei que era alguém indicado pelo padre que organizara o evento. Ele pensou que fora eu a indicar o palestrante. Alguém fez a pergunta: "Da parte de quem aquele moço com seu grupo está abrindo o show?". Foi quando nos demos conta de que fôramos ludibriados. Mandamos um recado ao rapaz para que parasse e descesse. Ele não fora convidado a cantar nem a falar naquele evento. A resposta dele foi típica de um fanático: "O Espírito Santo me moveu a falar a esta gente e eu não devo explicação a ninguém senão a Deus".

O padre foi lá e literalmente arrancou o microfone das mãos dele para "alguns avisos". Nesse ínterim, outros da organização cuidaram para que ele descesse do palco. Irado, ele disse que esvaziaria aquele estádio. O senhor que cuidava do palco não se fez de rogado. Tão logo o padre terminou os "avisos", encarregou-se, ele mesmo, de avisar aos que tinham vindo com o pregador que acabara de falar que o encontrasse no Portão 5. Os ônibus os estavam esperando.

Eram apenas dois ônibus. O estádio não esvaziou. Ele voltou a sua cidade, com o aviso do bispo de que aquele grupo e aquele pregador não deveriam nunca mais tomar a palavra em evento algum da diocese. Chamou-o para uma conversa, e ele veio desafiador, dizendo que nem o bispo poderia opor-se a quem era chamado pelo Espírito Santo. Ele, que subira ao palco para expulsar os demônios da multidão, fora vencido pelos demônios da microfonite e da holofotite agudas, dois auxiliares do demônio da vaidade... Quem acha que essas coisas não acontecem, não sabe o que é cantar para Deus. De vez em quando, aparece um ladrão de palco com um recado urgente do Espírito Santo... E ai de quem ousar interrompê-lo!

43

SER CANTOR RELIGIOSO

PZ

Cada qual tem sua definição. Darei a minha. Continuo não sabendo definir com absoluta clareza o que é ser um bom cantor religioso. Coloquei isso em quatro canções, uma delas, chamada *Canção de Reagir*, diz:

> *Cantar uma canção que leve o povo a reagir.*
> *Cantar uma canção que leve o povo a contemplar.*
> *Cantar uma canção que leve o povo a se ajudar.*
> *Foi isso que me trouxe a este microfone.*

> *Aedo e trovador.*
> *Cantor religioso eu sou.*
> *Eu canto a dor do povo.*
> *Também as esperanças.*
> *E a perplexidade dos casais.*
> *Eu canto pra família.*
> *Eu canto para os filhos.*
> *Eu canto pros avós e para os pais.*

> *Se me permitem, cantarei palavras que não passam.*
> *Se me permitem, cantarei palavras que não passam.*

Vale dizer: não minhas palavras, mas as do Santo Livro, da Igreja e de meu povo.

Talvez o cantor religioso seja aquele que:

– sabe porque canta;
– aceita ser criticado e faz tudo para melhorar;
– dá doutrina sólida de Igreja enquanto canta;
– quando desce do palco é um católico sereno e tranquilo, que não precisa de guarda-costas nem de aparato algum;
– não aceita ser transformado em ídolo. Como Pedro e Barnabé, rasga as vestes, mas não engole o esquema do marketing que o transforma em semideus da canção (At 14,14).

Quem se sente cantor o tempo todo, talvez não tenha entendido a canção religiosa! Ela é apenas parte de nosso ministério. Naquela hora de cantar, eu sou cantor, mas depois eu continuo o padre ou o leigo que sempre fui. Quem consegue fazer isso, talvez mereça ser chamado de cantor religioso.

44

MINISTROS DA CANÇÃO RELIGIOSA

PZ

As pessoas nos chamam para cantar e nós vamos, mais cantores que doutores, ensinar a fé através de canções, cada qual de seu jeito, cada qual com suas ênfases.

Há os que cantam preferencialmente a libertação e as dores do povo; os que cantam de preferência a glória de Deus; os que só cantam canções bíblicas; os que cantam músicas religiosas ou românticas, porque religião e romantismo fazem parte da vida; os que cantam até em homenagem à viola e ao chapéu de palha do sertanejo.

Não são menos religiosos ou menos espirituais por isso. Por isso, soa estranho o julgamento de alguns pregadores mais católicos do que o papa, que não consideram católicos os grupos que, junto com canções religiosas, cantam algumas canções românticas ou de cunho popular. É impressionante a facilidade com que alguns decidem que só é do rebanho o cabrito que berra do jeito deles. Tomam-se por modelos e decidem que quem não canta nem fala, nem ora como eles, não é católico!

Que pena para eles e para a Igreja que eles influenciam! Se estivessem lá no dia em que Davi dançou diante da arca, aplaudiriam Micol e condenariam Davi por falta de decoro e de espiritualidade...

45

O CANTO DOS OUTROS

Eles descobriram a fé e a descobriram com arte. São milhares pelo mundo afora. No Brasil, incluídas todas as igrejas, são seguramente mais de 3.500 grupos de canção religiosa, pequenas e grandes bandas católicas e evangélicas que, através da canção e da mensagem, transmitem e celebram a palavra de Deus.

Em blues, gospels, reggaes, sertanejos ou valsinhas, em textos de mensagem política, social, religiosa, música litúrgica, quando eles cantam é para falar de Deus, das dores do homem, das mulheres e das crianças, de seu tempo. Uns preferem apenas louvar, porque foi essa a catequese que receberam e essa é sua formação espiritual. Celebram um salmo de louvor eterno e sentem que essa é sua vocação. Sentem dificuldade de cantar outros cantos. Tudo os chama ao louvor. Não se imaginam cantando outra coisa para o Senhor a quem exaltam, aplaudem, elogiam e agradecem. São contemplativos: mais Maria que Marta.

Outros repetem os textos bíblicos sem retocá-los. São puristas. Não se interpreta o que já foi traduzido por sua Igreja. Entendem que com isso ensinam o povo a conhecer a Bíblia. Regem-se pelo fundamental. Outros poetizam sobre o que leram. Interpretam. E há os que escrevem porque querem mudar seu país. Seu canto é religioso-sociopolítico; na tradição do *Magnificat*, atribuído a duas mães, Ana de Elcana e Maria de José, que louvam e falam do político; e na esteira do *Benedictus*, atribuído a Zacarias, que louva e fala do social; de João Batista, que anuncia, mas também denuncia.

Incidem fortemente no social. Querem mudar os destinos de seu povo com seu canto religioso. Não concebem outra forma de cantar. Falam, sempre que podem, das esperanças e das aspirações de seu povo. Conseguem louvar, anunciar e denunciar. Outros denunciam o inimigo, o demônio que tenta roubar as almas do Cristo. Eles denunciam o que é demoníaco, porque tentam manter no sofrimento e na miséria aqueles que Cristo redimiu. São enfoques.

E há os totalmente políticos. Acham que cantar a dor do povo e denunciar a injustiça já é uma forma de religião. Cantam o social sem Bíblia sem prece. Nem prece demais, nem prece de menos. Do jeito certo, no assunto certo e na hora certa, deveria ser a canção religiosa. Valorize-se o jeito do outro, um tenha a gentileza de lembrar ao outro o que ficou faltando e cantem todos em unidade, ainda que com acentos diversos.

46

FOME DE REPERCUTIR

PZ

Você já deve ter percebido que há pregadores que frequentam a mídia quase todo dia e não deixam marcas. Querem tornar-se conhecidos para repercutir a Palavra de Deus, mas o povo não lembra seu nome e não guarda o que dizem. Outros, vão pouco e, mesmo assim, são lembrados. Não é que os que não repercutem não sejam profetas! É que existe um carisma que não vem do pregador e do qual nem mesmo ele se dá conta. Esse carisma é maior que o marketing. Por mais que alguns insistam em se mostrar não deixam lembranças. Outros, mesmo não querendo, deixam marcas. Têm um jeito de ser ou de falar que chega ao povo. Nem eles mesmos sabem explicar o fato.

Isso de catequizar e repercutir é graça de Deus que supera o marketing. Por maior visibilidade que você conquiste indo a todos os programas possíveis e imagináveis de televisão e rádio, por desejar notoriedade, prepare-se para o fato de que Deus ainda escolhe um pastorzinho e tocador de flauta como Davi, quando Ele, Deus, quer e não quando o rei ou o pastorzinho desejam. Isso explica por que alguns que não saem da mídia não adquirem credibilidade e outros que quase não a frequentam tornam-se nomes conhecidos.

No mundo da comunicação há um mistério que merece reflexão. Afeta os comunicadores leigos e os consagrados, a mídia aconfessional e a mídia religiosa. Cantores que mal aparecem, de repente, cantam uma canção que explode na mídia, enquanto outros fazem de tudo para acontecer e não acontecem. O marketing tem muito poder, mas não está com o poder. Também o marketing da fé. Vai só até certo ponto. O que vigora é o chamado de Deus. Se temos fé, aceitemos o fato de que Deus decide o rumo de nossa comunicação bem mais que imaginamos. A Igreja que nascia escolheu entre José Barsabás e Matias (At 1,23). Quase não se ouviu mais falar deles. Mas Jesus escolheu Paulo (At 9,1-26), que demorou a ser aceito pela comunidade cristã. Poucos se lembram de Matias, que muitas vezes é confundido com Mateus, mas não há quem não conheça Paulo. Deus fez sua escolha. As escolhas do mundo e do marketing duram pouco. As de Deus, às vezes, atravessam séculos.

47

O SONHO DE CANTAR PARA MILHÕES

PZ

A ideia, entre alguns, tem sido: pregar e cantar a palavra para milhões, e dizer coisas que o povo quer ouvir; não exatamente o que achamos que o povo "deve ouvir". Acontece que a Palavra não é nossa; é de Cristo e da Igreja. Cantamos e dizemos de nosso jeito, mas ela não pode ser nossa. Aderimos a uma Igreja, e é a palavra da Igreja que deve ser levada, com ela a Palavra de Deus. Caso contrário, na Campanha da Fraternidade falaríamos nossos textos e não os da Igreja. E poderíamos inventar nossa própria missa.

Certo sacerdote, que, desejando ser popular, no intuito de levar o povo a rir, durante o sermão usou várias vezes o verbo "mijar" e, noutra ocasião, disse que o fiel ficava de "saco cheio", e usou de outras expressões rasteiras e sem classe; falou para milhões, mas não agiu corretamente. Fosse eu seu professor certamente usaria de autoridade e o corrigiria. Vulgarizou. Documento algum da Igreja usaria tais palavras. Conseguiu o riso, mas desdenhou do juízo. Quem, numa canção para conquistar os jovens, usou de dois termos chulos e pesados para designar a entrega mútua do casal, conseguiu risos, mas deturpou a catequese. Cantar para milhões supõe maturidade. Piadas torpes, chulas e de baixo calão não cabem numa reunião de igreja. Foi Paulo quem o disse.

Mas o que profetiza fala aos homens, para edificação, exortação e consolação (1Cor 14,3).

Não saia da vossa boca nenhuma palavra torpe, mas só a que for boa para promover a edificação, para que dê graça aos que a ouvem (Ef 4,29).

48
NÚMEROS QUE PASSAM

PZ

Encantado com o número de pessoas que veio ouvir sua banda, o rapaz falou mais de dez vezes que cantara para 20 mil pessoas. Não devia ter perguntado. Assim, eu não teria de ter respondido. Mas ele perguntou: Como é para o senhor cantar para 100 mil ou 1 milhão de pessoas?

Fui direto ao assunto, não sem emitir na voz a gentileza e o respeito de homem mais experiente. Números nunca me impressionaram. Vi os Beatles nos Estados Unidos, vi multidões que vieram ver o Papa no Brasil, havia multidões a ouvir Hitler e Fidel Castro, havia multidões para ouvir Frank Sinatra, Elvis Presley, Michael Jackson. O mundo conheceu grandes cantores, grandes pregadores e grandes líderes, ovacionados por grandes multidões. Hoje, há igrejas capitalizando nos números. Falam em milhões. É confortante saber que vieram ver alguém e eventualmente ouvir nossa canção.

Mas, acrescentei, em menos de dois ou cinco anos eles podem lhe virar as costas, porque uma banda mais famosa apareceu na mídia. Não aposte em regimes, igrejas, grupos de canto ou cantores que atraem multidões. Isso passa! Um deles me achou pessimista. Os outros quatro concordaram. É a pura realidade. Todo cantor tem o direito de ficar feliz, mas não convém que fique deslumbrado. Um dia, na cidade vizinha, outro que está mais em evidência cantará para 40 mil e você talvez cante para duas mil pessoas. Aceite o sucesso de hoje, mas não considere fracasso o fato de alguém amanhã atrair mais ouvintes do que você. Tem sido assim, assim é e assim há de ser.

49

CANTAR É OPTAR

PZ

Falo como criador de estilos e de grupos e como quem ofereceu espaço e chance a muitos cantores, músicos, artistas, maestros e compositores. Tenho dito e repetirei, enquanto puder, que cantar é uma bênção, uma honra, um chamado, mas também tem cruzes. Cada cantor ou compositor terá de fazer suas escolhas e pagar o preço das escolhas que faz. Talvez encontre o que sonhava, talvez não, mas pelo menos escolheu, foi coerente e não brincou de cantar. Já é uma grande coisa quando quem cantava ao lado dele aprendeu que não se brinca de cantar.

Não há como cantar e agradar o universo. No vasto universo de quem nos ouve ou nos conhece, haverá os admiradores, os seguidores fiéis, os que discordarão de nós, os que descobrirão outros caminhos, os que, como no caso dos discípulos de Jesus (Jo 6,64-67), foram embora de nós e já não acham mais graça em cantar a nosso lado ou comprar nossas canções. Fomos uma fase em sua vida.

Haverá também os que reconhecerão que deixamos marcas em sua carreira, os que agirão como se nada nos devessem, os agradecidos, os ingratos, os que nos usaram, os que não se sentiram bem cantando conosco, os que jamais esquecerão o bem que lhes fizemos.

A verdade é que nós fazemos nossas opções e quem caminhou conosco também faz as próprias. Por isso, não há por que nos magoar quando alguém que pensava como nós não mais pensa, alguém que gostava de nossas canções não mais as canta. Superaram aquela fase.

Lembro-me de um jovem de 27 anos que me disse textualmente que dos 14 aos 23 lera todos os meus livros e que agora nem sequer abria os novos. Fiquei feliz pelos novos autores que ele admirava, bem mais profundos que eu. Ele evoluíra. Mas lembrei-lhe que eu também evoluíra. Meus novos livros não eram nem semelhantes aos que ele leu. Mas entendo que ninguém deve passar a vida inteira lendo o mesmo autor ou ouvindo o mesmo cantor. As pessoas mudam, mudam os gostos e mudam as buscas.

Seria, pois, muita pretensão esperar que as pessoas gostem de tudo o que fazemos. Aparecem novas propostas e nada é mais justo do que quem cantava conosco escolher essas outras propostas.

Registro isso, para que, acontecendo com você algum dia, saiba como agir. Seus fãs de ontem não compram, não ouvem, não leem mais o que veio de você? Bom para eles, bom para você. Eles porque entenderam que cultura é abertura e para você porque entenderá que por algum tempo fazemos parte de algumas vidas e depois faremos de outras. Continuar amigo não é o mesmo que depender. Liberte-os e liberte-se. Deixe-os ir. Aí então fará sentido tudo o que você fez por eles!

50

CANTORES DO MUNDO E CANTORES DO CÉU

PZ

De vez em quando percorro, em nossa TV por assinatura, os canais concedidos às igrejas ou os horários por elas comprados. Um por um, 8, 9, 10, 11, 13, 20, 23, 26, 49, 64, 65, 66, 99 lá estão eles com celebrações, pregações e canções religiosas. Não variam muito. Você já conhece o esquema. Alguém pregará, alguém orará, alguém cantará e alguém dará testemunho. No próximo programa também!

Os cantores estão em todas e em geral cantam o louvor, a eleição e a salvação. Reforçam a catequese dos pregadores. Os outros canais, os não confessionais também mostram seus cantores e suas canções. Estes cantam os amores humanos, muitas vezes amores que não deram certo. Aqui e acolá, alguma canção em defesa da vida e da ecologia. Mas os temas recorrentes do lado aconfessional são o amor, a paixão, as brigas entre casais. Do lado confessional é a salvação pessoal, o poder de Jesus, a vitória sobre o inimigo e o louvor do Senhor. Os outros temas do viver não chegam a 15% das canções que se ouvem na mídia.

1. Há cantores que se sentem inspirados para cantar uma flor ou um rio que corre, uma cachoeira, uma ave que faz voo rasante, alguém que perdeu um filho, uma pessoa ferida na alma, amores que não deram certo, amores maravilhosos. Há cantores no mundo que escolhem cantar o romantismo, a alegria, a festa, o companheirismo. E, ainda, há cantores no mundo que escolhem cantar o deboche, o amor livre, o sexo deslavado, a ousadia.

2. É preciso distinguir entre eles. Há os bons, honestos, sinceros, tranquilos, inocentes até, e há os mal-intencionados que sabem que uma canção maliciosa dá dinheiro. Do outro lado, há os cantores do céu que gostam de louvar a Deus, cantar a bondade e a misericórdia de Deus, exaltar o nome do Senhor, proclamar o nome de Jesus e mostrar as delícias da contemplação. Escolheram esse gênero de canção porque acham que ele faz bem.

3. Deus inspira a grande maioria dos cantores, tanto os da terra como os do céu, tanto os que cantam as coisas do mundo, como os que cantam as coisas de Deus. Até porque Deus criou este mundo, e quem canta a criação está exaltando o criador. É difícil imaginar que Deus inspire uma canção de deboche ou de desrespeito à família, como também é difícil de imaginar que Deus inspire uma canção de algum religioso que ataca a outra igreja e diminui a graça de Deus nos outros.

4. Há, portanto, bons cantores que cantam para o céu e há bons cantores que cantam do mundo, sobre o mundo e para o mundo. *"Não há, ó gente, ó não, luar como este do sertão..."*, do texto do poeta Catulo da Paixão Cearense, certamente não é uma música religiosa, mas é claro que foi Deus quem a inspirou, porque fala da obra de Deus. "Noite Feliz" de Hans Grübber é uma canção religiosa que fala do Deus que nos enviou seu Filho. Deus inspirou as duas. Por isso, tomemos cuidado quando falamos de cantores do céu como gente boa e de cantores do mundo como gente pecadora ou a serviço do mal. Não é assim tão simples.

5. Tomemos cuidado quando citamos canções religiosas como canções boas e canções do mundo como mundanas e pecadoras. Nem toda canção do mundo é mundana ou pecadora, muitas

delas elevam e enaltecem o amor humano e a graça de Deus nas pessoas. E nem todo cantor religioso canta coisas elevadas. Pode-se fazer uma canção religiosa ruim, péssima até, e pode-se fazer uma excelente canção não religiosa. *"Saudade da Minha Terra"*, por exemplo, é uma canção sertaneja profundamente humana e cheia de setas para Deus.

6. Um pouco de humildade faria bem a nós cantores que escolhemos cantar as coisas do céu. Temos muito que aprender com os cantores do mundo. Um pouco de humildade faria bem aos cantores do mundo se descobrissem valores nas canções que falam do céu. Todos nós deveríamos aprender a criar e a produzir canções bem-feitas, respeitosas e capazes de elevar o espírito humano. Não nos iludamos. Deus não inspira somente quem canta nas igrejas. Ele inspira todos de coração sincero e reto. Cantamos isso no "Glória": *E na terra, paz aos homens por Ele amados...*

51

A VOCAÇÃO DE CANTAR

PZ

Cantores religiosos que entendem seu chamado costumam fazer canções que nascem de sua experiência pessoal ou da experiência da comunidade. Vão lá, observam, aprendem, inspiram--se e escrevem uma melodia e uma poesia, na esperança de que aquilo ajude o povo a celebrar sua vida.

Alguns se dedicam apenas e exclusivamente a compor músicas litúrgicas; querem viver e cantar para o culto eucarístico e para as celebrações do povo. Outros se dedicam a canções de mensagens para levar o povo a festas, danças, manifestações políticas, para conscientizar, catequizar e ensinar o evangelho.

Não importa a maneira, o fato é que todo cantor religioso tem nas mãos uma tarefa muito séria. Ele precisa levar o povo a pensar em Deus e a buscar um jeito de fazer história. Canções não mudam o mundo, mas já ajudaram muita gente a mudar de vida. Por isso o cantor religioso é importante sim! Ele põe um adjetivo bonito e qualificativo no substantivo fé!

Se Deus chamar você para ser escritor, compositor ou cantor religioso, diga sim. É uma das formas mais exigentes e mais bonitas de profecia na Igreja de nossos dias. Mas não deixe de ler muito. Estude! Caso contrário, vai ficar marcando passo.

52

TESTEMUNHO DE CONVERSÃO

PZ

Vale a reflexão que serve para todos nós que enfrentamos os holofotes. Não são poucos os pregadores, cantores, músicos e artistas que diante das câmeras dão testemunho de haver encontrado Jesus.

São sinceros. A grande maioria tem a melhor das intenções: chamar para Jesus, para a Igreja e para seu movimento outros irmãos que viviam como eles. Infelizmente, não são poucos os que, depois de alguns anos, voltam ao pecado, ao que faziam ontem e ao que haviam renunciado.

Sugeri a um deles, frequentemente chamado a dar testemunho de sua conversão, que dissesse: *"Graças a Deus até agora tenho perseverado. Orem por mim para que permaneça fiel a minha decisão".*

Qualquer um de nós pode voltar ao erro. Se aceitarmos expor nossa canção e nossa vida, peçamos ajuda. Todo pregador deve ser penitente. Nunca se esqueça de que pregador rima com pecador. Ore e peça orações.

53

A MÚSICA LEVADA A SÉRIO

PZ

Falemos desses músicos e cantores que animam nossos encontros e abrilhantam nossas liturgias com seriedade. Eles existem; o cantor religioso e a cantora religiosa que se levam a sério. Estudam e ensaiam à exaustão para que a liturgia e o show edifiquem o povo de Deus. Querem o melhor para o bom Deus.

É um novo tipo de ministério nas Igrejas Cristãs, hoje revalorizado porque, como vimos no capítulo 4, esta missão já existia. Além do que já vimos no Antigo Testamento, a respeito dos levitas e seus cantores, nos séculos 12, 13 e 14 havia o músico da corte, os músicos das catedrais e das escolas. E eles eram regiamente pagos. No século III houve o diácono, escritor, teólogo, catequista e compositor Santo Efrém, Sírio. Sua festa ocorre no dia 8 de junho. Fico feliz por ter nascido nesse mesmo dia e ter recebido de Deus dons semelhantes aos dele e, da Igreja, missão parecida. Evidentemente, ele se santificou nesse ministério. Eu brinco dizendo que já cresci bastante. Faltam apenas 99% para eu ser como Santo Efrém, diácono, escritor, conferencista, cantor, compositor e exímio comunicador da fé.

De Efrém se sabe que o pai era sacerdote pagão e o expulsou de casa ao saber de sua conversão ao cristianismo. Viveu uma vida de penitência e passou a dirigir uma escola de teologia e catequese em Nísibis, entre a Síria e a Pérsia. Era culto e preparado. Escolheu o canto não como a única, mas como uma das formas de evangelizar, pois também compunha peças de teatro, escrevia poemas e hinos catequéticos ou polêmicos para resguardar o povo simples de seu tempo contra doutrinas erradas que pululavam por toda a parte.

Aqueles eram dias cheios de falsos pregadores da fé. Previu que muita gente iria ensinar coisas erradas sobre o Cristo. Não era de ficar quieto! Dele se conhecem ainda uns 56 hinos, mas consta que escreveu centenas de tratados e incontáveis canções para o povo aprender a doutrina católica. É o predecessor de todos os que hoje escrevem sobre a catequese e tentam difundir as encíclicas e o catecismo católico através da música.

54

PREGADORES INTÉRPRETES E CANTORES

PZ

Há quem canta e a quem ainda interessa saber mais sobre seu canto, depois de cantar por 50 anos, eu digo algumas palavras óbvias, mas um tanto quanto esquecidas:

1. Pode-se perfeitamente pregar sem cantar e cantar sem pregar. Alguns pregadores não mais conseguem pregar sem cantar. Não imaginam mais a Palavra de Deus sem algum som a envolvê-la. A canção tomou conta de sua pregação.

2. Pode-se pregar cantando e cantar pregando, mas alguns pregadores exageram na dose. Mais cantam que pregam.

3. Um cantor pode não saber pregar e um pregador pode não saber cantar. O segundo não tem de aprender a cantar, mas o outro tem de aprender a pregar. Cantar não é o suficiente.

4. O canto é um jeito de anunciar Jesus, a pregação é outro. Mas há pregadores que confundem o ofício de cantar com o de pregar. Nem todo canto é uma pregação. Às vezes, o conteúdo das canções não condiz com a liturgia daquele dia. Nesse caso, elas deixam de ser um auxílio à pregação.

5. Uma canção pode não servir para a pregação daquele momento. Cantá-la só porque é bonita é ir contra o princípio da canção religiosa quando associada à pregação.

6. O pregador e o presidente da assembleia podem exigir uma canção que ajude o tema daquele encontro. Se os cantores não a conhecem, nem possuem algo semelhante, é melhor que não cantem. Declame-se um poema!

7. Um cantor não pode impor sua canção, nem as canções de seu grupo de espiritualidade. Ele está lá para servir e não para dar seu show, cantando só as canções que sabe ou o que gosta de cantar. Se não conhecer a canção, humildemente silencie ou chame um que a conhece. Deixe que outros a cantem.

8. Cantores não podem determinar nem o número de canções, nem o tipo de canção que cantarão, se a pregação é de outro. O mestre de coro não pode determinar os cantos da missa. Ao presidente da assembleia assiste este direito.

9. É sinal de humildade um grupo aprender as canções do outro ou, pelo menos, convidar os outros a cantarem juntos numa celebração na qual o grupo convidado não conhece todas as canções escolhidas.

10. O cantor católico deve conhecer liturgia, sociologia, pedagogia. É o mínimo exigido de um catequista. Ele deve conhecer o catecismo e a doutrina católica geral; não apenas as ideias e a mística de seu grupo de fé ou de seu padre preferido.

11. O programador de rádio mostrará maturidade se, além das canções de seu movimento e dos cantores de seu grupo, também programar canções da outra linha de igreja, cantadas por

cantores de outra linha ou de outro enfoque teológico. Quem fala para milhões, não pode agir de maneira sectária.

12. Uma emissora nunca pertence apenas a um grupo. Se for católica, ela é da Igreja, e precisa falar a todos, sem impor sua linha, mesmo que tenha sido comprada e seja gerida por determinado grupo de fé.

13. A pregação setorizada e circunstanciada é válida, desde que se ache no veículo de pregação espaço para outros setores e grupos, e lá se anuncie sempre a Palavra de Deus e a Palavra oficial da Igreja. Emissora católica precisa repercutir os documentos do Papa e dos bispos, e não apenas a fala dos padres ou escritores daquele grupo, seja ele de renovação, vicentino, mariano ou de libertação. Os acentos não devem excluir a unidade, nem apagar a luz que o Espírito suscitou nos outros.

14. Padre cantor não deveria existir. Padre que canta, sim! A prioridade para todo padre é a pregação falada. Se pedirem que ele cante, faça-o como um serviço a mais, mas nenhum sacerdote deveria subir a um palco e apenas cantar. Na Igreja não há o ministério de padre cantor, mas um sacerdote pode cantar, desde que no jeito certo, no lugar certo e ciente de que não agirá apenas como cantor e artista. Seu lema seja: *"Canto porque sou padre, mas não sou padre porque canto"*. Ninguém é melhor sacerdote ou leigo porque canta melhor que um outro irmão de ministério. Valorize-se um pregador não apenas porque canta bem e se dá bem no palco, mas porque repercute com seu canto o que a Igreja ensina.

15. O ministério da canção seja mais do leigo que do sacerdote. Este pregue, posto que cantar e pregar não é a mesma coisa. Se quiser cantar junto ou solar, faça-o, mas dê destaque aos leigos.

16. O canto é instrumento auxiliar da pregação, mas tem acentuada importância. Que os sacerdotes, de comum acordo com os leigos, deem um nome à banda que toca com eles, para que os leigos cantores não funcionem apenas como um suporte ao nome do padre. Que cada cantor daquela banda seja conhecido por seu nome ou pelo apelido, se ele assim o desejar. O nome do padre não pode ofuscar o nome da banda nem dos cantores.

17. Há funções do sacerdote que o leigo cantor não deve usurpar. Há funções do leigo que o sacerdote deve respeitar.

18. O grupo estude a liturgia para saber o que cantar, quando cantar e como cantar suas canções. Cuide-se em não transformar o palco em altar, nem o altar em palco, mesmo que a missa ocorra num palco. O modo de cantar e o conteúdo sejam diversos.

19. Os solistas em celebrações eucarísticas evitem cantar à frente do altar. Não é seu palco. Achem seu lugar a um canto do palco e apareçam o menos possível, mesmo que devam animar o canto. O ideal é que um seja o animador e outro o cantor.

20. Que o sacerdote conheça os documentos da Igreja e o catecismo e que os cantores saibam fazer a exegese das letras que estão cantando.

21. Um grupo que só canta canções de louvor faz bem, mas não faz o suficiente; a Igreja não prega somente o louvor. Um grupo que só canta temas sociais faz bem, mas não faz o suficiente a Igreja também louva.

22. Que se ensaie e se domine bem os cantos, sem deturpar seu texto e suas melodias, ao talante e humor do cantor da hora. Alguns cantores, às vezes, por falta de atenção modificam a melodia da canção e com isso desrespeitam seu autor. Eles certamente não gostariam que alguém mudasse o rosto ou o nome de seu filho... Por mais habilidosa que seja a cantora ou o cantor, tenha a humildade de respeitar o autor da letra e da melodia. Não a modifique para servir a seu talento pessoal. Experimente cantar a canção como foi composta e gravada. Pergunte ao autor, caso o conheça, se ele aceita que a melodia da canção seja modificada. Se ele não aceitar, então não a cante ou a cante como ele a escreveu. Isso também é justiça e direito autoral. É possível interpretar uma canção sem modificar a melodia e a letra... Deus lhe deu o dom de cantar e interpretar o que é dos outros; não o de modificar. O cantor-autor faça o que quiser com a canção que ele mesmo compôs, mas respeite a dos outros.

23. Seria conveniente que o pároco ou os sacerdotes responsáveis por um grupo de canto submetessem seus cantores a um pequeno teste de conhecimento básico da religião. Cantor tem de ser também catequista.

55

MUDAR A CANÇÃO DOS OUTROS

PZ

Diante da queixa de muitos autores, penso que valha a pena escrever sobre o tema. Falo da "intenção do autor" e da "intenção do intérprete", que nem sempre coincidem. Ambos querem levar uma mensagem. Às vezes, o autor não tem a força de divulgação, por isso conta com o intérprete famoso. Às vezes, a tem e, por ver valor num interprete, cede-lhe uma canção. Aí pode acontecer o conflito. Há intérpretes que, mesmo sem má intenção, modificam a obra do autor. Interferem em um dos cinco itens: título; letra; melodia; ritmo; arranjo. Uma canção é tudo isso. Dissociados, prejudicam a intenção do autor.

Canção é como filha. Tem uma forma e um rosto. Um pai pode permitir que uma pessoa de confiança apresente sua filha num palco. A pessoa pode até dar-lhe uns retoques e uma roupa chamativa, mas certamente criará conflitos se modificar as feições dessa criança. Interferir na letra, acrescentar um texto sem que o autor o tenha lido previamente, interferir na melodia, no ritmo, no arranjo, já não é interpretar, é deturpar.

Do intérprete se espera que mantenha a canção como foi composta e, por ter voz privilegiada, a ela dê qualidade e sentimento. Dez pessoas podem cantar o mesmo Hino Nacional sem modificá-lo em nada, mas talvez uma ou duas lhe deem uma interpretação magistral. A mesma ópera *Carmen*, de Bizet, cantada por três grupos, pode suscitar reação diferente, sem que haja modificação na letra, na melodia e no ritmo. É a arte de usar a voz e o sentimento que faz o bom intérprete. E é bem por isso que ele é interprete. Tem o dom de melhorar uma obra sem mudá-la.

Corre mundo afora, e não é diferente no Brasil, a ideia de que bons cantores podem interferir na melodia, no ritmo ou na letra. Não podem e não devem, por questão de ética profissional. A menos que o autor explicitamente autorize, cabe ao intérprete respeitar a intenção original do autor. Não se muda uma canção ao sabor da vontade do cantor. É antiético. Se é cantor, já sabe que tem um dom que às vezes o autor não tem. O autor confia no cantor porque este sabe entregar uma canção ao povo. Mas, por melhor que seja o entregador de vinhos ou de iguarias, não tem ele o direito de introduzir outro conteúdo na garrafa, nem de acrescentar outro tempero à iguaria.

Modificar, só com a prévia autorização do autor, até porque uma obra deve ser respeitada em sua integralidade. Imagine um expositor dando umas pinceladas a mais nas obras de Picasso, Da Vinci ou Tintorreto... Exponha-as como são, com mais ou menos luz na sala, mas não toque nelas.

Entre o autor, tido como intransigente por não admitir que sua obra seja modificada, e o intérprete, que não resiste à tentação de modificá-la, há o direito do autor e o dever do intérprete. Talvez o autor exigente nunca mais veja suas músicas divulgadas por cantores famosos. Mas pode acontecer a recíproca: cantores que mudam canções não mais encontrarem autores nem editoras que lhes permitam cantar novas obras.

O que penso dos bons cantores? Se quiserem, poderão cantar divinamente uma canção como ela é, sem mudar absolutamente nada nela, exceto o calor que lhe vem da alma. Para isso é que existem bons cantores. Um amigo meu tem uma enorme distribuidora de bebidas. Ele não modifica nenhuma delas. As firmas as buscam com ele, porque sabem que o produto que passa por ele é original! Ele não os rebatiza!

56
CANÇÃO INSUFICIENTE

PZ

Aconteceu comigo! Escrevi uma canção insuficiente. E o fiz por ser também um autor insuficiente. Gostaria de saber quem não é! Felizmente, fui alertado por um sábio bispo e dois ou três colegas teólogos, que sabem e podem mais do que eu. Consertei em tempo minha canção insuficiente. Dei-lhe os devidos acréscimos que o povo a está cantando feliz da vida porque entendeu.

Na evangelização há que se distinguir entre o essencial, o suficiente e o insuficiente. Pode-se dar uma mensagem essencial, mas insuficiente. Era o caso de minha canção. Pode-se dar o essencial suficiente que não exija acréscimos. Tratava-se apenas daquela parte da mensagem. Mas há mensagens que não podem ser parcializadas, sob pena de deturparem a catequese. Não faz sentido cantar que queremos amar somente a Deus, porque isso sim seria parcializar a fé cristã que se fundamenta no amor a Deus e ao próximo. Jesus e João (Mc 12,31; 1Jo 4,20) deixam claro que não há um preceito sem o outro.

Recentemente no *L´Osservatore Romano,* número 27,(2.115), de 3 de julho de 2010, o Pontifício Conselho falava de promover outra vez a evangelização dos países de antiga fé. Em outras palavras, falava do cansaço dos países ontem intensamente católicos e cristãos e hoje carentes de reevangelização. Lembrando o que dizia Bento XVI, a evangelização continua a ser o grande desafio que sempre foi, mas que a Igreja não perdeu sua força evangelizadora e a homilia toca na ferida: insuficiência. Da mesma forma que se fala de insuficiência coronariana, porque o coração não bomba direito, assim a evangelização pode não se expressar direito.

Milhões de pregadores têm andado às turras com a linguagem moderna. Incluo-me entre eles, embora busque linguagem ao mesmo tempo profunda e acessível. Não sei se o leitor já percebeu isso! Nas Igrejas temos os instrumentos, mas ainda não achamos a linguagem de hoje para o mundo de hoje. Acadêmica, parcial, setorizada em excesso ou até mesmo infantilizada, triunfalista, sacral demais, os vocábulos nem sempre se explicam. Ou achamos novos símbolos para reforçarem os de sempre ou os de sempre não serão mais compreendidos. A linguagem agropastoril de ontem precisa de acréscimos fortes na era digital!

O conteúdo ainda é bom, como sempre foi, mas não estamos achando seu invólucro. Lembra a torta rica de teor alimentício que, mal-embrulhada, maltransportada e malconservada não chega inteira e não alimenta o destinatário. A mensagem cristã não está chegando inteira e suficientemente ao povo. Ou é linguagem acadêmica e sacral demais, ou é tão simples que beira o simplório. Entre o português de presbitério, o acadêmico e o gramaticalmente errado e até simplório, há o português simples e correto que se aprende em bons cursos de língua portuguesa!

Em tempo: a canção era *"Um Certo Galileu!"*. Acrescentei a ela mais cinco dogmas! O bispo que me corrigiu estava certo e sou--lhe grato! Eu deixara Jesus na cruz e esquecera o depois daquele dia! Corrigi! O texto agora está um pouco mais suficiente!

57

ADJETIVO CONTROVERTIDO

PZ

Escrevo estas linhas por perceber que se generaliza e se delineia um preconceito contra todos os padres que atuam na mídia. É de se esperar que ele não prossiga. Seria triste diminuir o ministério dos sacerdotes que estão na mídia, porque alguns deles não atuam com decoro. Também seria triste diminuir o dom de quem escreve ou é teólogo porque houve e há teólogos pouco fiéis à Igreja. É inimaginável uma Igreja sólida sem a sabedoria do teólogo, mas é muito pobre uma Igreja que despreza o esforço do sacerdote que descobriu ou busca linguagens midiáticas. Critiquem-se o conteúdo ou os exageros de teólogos e comunicadores – e isso é bom para a Igreja – mas respeite-se o chamado de cada um.

Erraria o sacerdote que, tendo milhões de ouvintes, desprezasse a palavra dos teólogos, dos especialistas em Bíblia, liturgia, sociologia e psicologia. Errariam esses, se permitissem que as palavras "sacerdote-midiático" se tornassem negativas por causa de alguns sacerdotes que não usam a mídia de maneira adequada e com a devida compostura. É algo novo na Igreja. Merece estudo e respeito.

"Pregador midiático" é um título a ser respeitado, como o é o de levita-cantor. Os livros 1 Crônicas, 2 Crônicas, Esdras e Neemias os mencionam. E eram numerosos (2Cr 5,12). Sou um sacerdote acentuadamente midiático, ainda que tenha optado não trabalhar só na mídia e, dentro dessa opção, preferir a mídia católica. Mas tenho o maior respeito pelos sacerdotes teólogos, em cuja sabedoria me apoio para minhas canções e pregações.

Gostaria de receber o mesmo respeito. Estou nisso há tanto tempo quanto eles em sua teologia!

Achei que devia manifestar-me em nome dos sacerdotes que fazem uso da mídia com enorme respeito e seriedade e sem nenhum intuito de autopromoção. Estão lá com a bênção de seu bispo ou superior religioso. Não pediram aquele lugar. Foi-lhes proposto, mas se tivessem que parar, parariam no dia seguinte. Não deixariam sua congregação nem sua diocese, caso não lhes fosse permitido continuar. A mídia não é seu primeiro amor. Para fazer mídia, não abandonariam o grupo que os formou e apoiou.

Estar na mídia faz parte de seu ministério, mas seu sacerdócio é maior. Se lhes tirarem um microfone ou uma câmera saberão o que fazer de seu sacerdócio. Estão midiáticos, mas não são midiáticos. A seu modo são professores e muitos deles fazem um grande bem ensinando doutrina sólida. Seria triste minimizar ou ridicularizar esse adjetivo, até porque muitos de nós tentamos ampliar o que dizem os bispos e os teólogos.

Se há críticas, que não sejam niveladoras, nem injustas! Nós não fazemos isso com os párocos e os teólogos. Então, não façam isso conosco! Os que exageram, paguem o preço pessoal de seu deslumbramento. Mas ser da mídia ou estar na mídia pode ser bom. Aliás, o equilíbrio faz bem a quem o tem e a quem dele usufrui.

58
PÚLPITOS EM COMPETIÇÃO

PZ

Estamos cantando para milhões de pessoas. O que começa a me preocupar não é o fato de as ajuntarmos. A Igreja, sempre que o quis, fez isso. É o porquê de fazê-lo que me preocupa. Quando é tudo em cima do carisma de um pregador, o risco é muito grande. Se o pregador quer correr esse risco, talvez a Igreja não queira.

Por mais que se diga que os fiéis foram lá ouvir o pregador famoso para saber mais sobre Jesus, sabemos que a grande maioria foi lá porque esse alguém está onipresente na mídia. É a imagem se sobrepondo à mensagem, é o mensageiro mais forte do que a mensagem. Tenho dúvidas sobre esta proposta de catequese. Expor-se para expor!

Em muitos casos é visível que vale mais o marketing em cima da pessoa que em cima da ideia. O cantor fica maior que a canção. Esta vem atrelada a ele. Não vale pelo conteúdo. Vale por quem a canta. Passei por isso. Fugi disso muitas vezes. Só ia quando tinha certeza de que havia uma diocese e muitos padres ou leigos na liderança, gente com rosto e nome próprio e muito amada e conhecida na cidade. Meu charme pessoal não podia ser a razão do chamado. Eu iria para somar. Sempre fiz questão de destacar os padres e o bispo daquela comunidade. Quem foi a meus shows sabe disso! Nem a bênção eu dou, quando estão lá o pároco e o bispo. Acentuo a autoridade deles.

Entendo que, quando os bispos querem, eles reúnem multidões com ou sem minha presença. Se me chamam é porque tenho algo a somar e não a sobrepor. A Igreja sabe chamar, e chama muito bem em nome da fé e sem acentuar demais uma figura. Fez-se isso por anos e anos com o Padre Vítor, de Aparecida, que conseguia andar sereno no meio do povo. Era sua sabedoria e o que ele dizia que contava, não sua imagem. Em muitos fins de semana, reúne-se em Aparecida um Maracanã inteiro. Os padres redentoristas sabem há anos animar aquele povo em cima de ideias. Nenhum padre redentorista roubou a cena em todos esses anos. Nem mesmo o Padre Vítor, que achava aquilo uma graça e nunca perdeu seu jeito de homem do povo.

Fazem o mesmo os padres da Basílica de Nazaré, em Belém, com quase dois milhões de fiéis em outubro. Mas tudo tem data, hora, propósito e conteúdo. Não é o tempo todo. Trabalha-se nos tempos fortes. Quando, porém, no curto espaço de um mês, a televisão noticia eventos grandiosos, como houve no Rio de Janeiro, em Aparecida e em Belém, em um dia 12 de outubro, e quando doze dias mais tarde a Igreja Universal, que também chama seus seguidores, põe aquilo e muito mais no mesmo Maracanã... quando, outra vez, a Igreja Católica torna a colocar por três dias, em Santo Amaro, de 400 a 600 mil pessoas, tudo sob a luz dos holofotes e as câmeras da TV Globo, que nem ao papa deu tamanho espaço quanto deu ao padre cantor, o católico que pensa não pode deixar de refletir sobre o clima de competição que a mídia estabelece. É a canção e a pregação em clima de marketing e de confronto.

Da competição ao confronto é um passo. Seria diferente se aquele encontro já tivesse sido anunciado há meses. Mas como foi, na rapidez com que foi, deixa a impressão de que a ordem é reunir gente. Eu acreditaria muito mais no propósito catequético e pastoral de alguns daqueles eventos se não tivesse visto o chamamento na televisão em menos de cinco dias e se isso não tivesse acontecido em sequência.

Depois, há o exagero que beira ao ridículo. No dia 2 de novembro uma igreja programou outra vez a Marcha para Cristo. É seu direito. Mas quando um repórter disse que a previsão dos dirigentes era a de pôr cinco milhões de pessoas na rua, brincaram com o marketing e com nossa inteligência. Vale dizer que 50% da população de São Paulo saiu em procissão com aquela igreja. Praticamente um em cada dois paulistanos aderiu aos evangélicos. Abusa-se dos números nas passeatas gays e nessas manifestações religiosas. Uma foto aérea mostraria quantos realmente eram. Com enorme facilidade fala-se em dois, três, cinco milhões de pessoas na rua. Perguntemos a quem estudou estatística se naquele espaço é possível reunir tanta gente.

Quem lida com marketing e mídia se interroga sobre a validade dessa competição surda, por mais que seus mentores neguem esse objetivo. Amanhã, quando os fiéis dessas igrejas se olharem com mágoa ou combaterem na rua, já sabemos de onde veio: dos púlpitos dessas igrejas.

59
A MÚSICA SACRA ESTÁ DE VOLTA

PZ

Para alegria dos puristas, em alguns templos os bons músicos estão de volta. Vozes bonitas, jeito suave de tocar, eles conduzem a liturgia de maneira serena. Visite Aparecida e ouça aquelas vozes. Aparecem pouco. Não se sobrepõem ao povo que canta. Estão lá, não para se exibir e dar show de virtuosidade, mas cultivam a virtude do serviço fraterno ao povo que canta.

É uma alegria ver como tocam suave e serenamente. Mas isso é porque conhecem liturgia e entendem de música. Não se pode esperar o mesmo de quem não treina, não lê os documentos e não entende o que é ser ministro da canção religiosa, ainda que não haja tal ministério oficial na Igreja. Ponha alguém que não é enfermeiro ou dentista para fazer um curativo e ele terá dificuldade. Tem mão pesada. Assim, alguns músicos despreparados que ou berram ao microfone, ou tocam tão forte que parecem em guerra contra o celebrante e a assembleia. Pior ainda: acham bonito!

O ministério da música está voltando, timidamente ainda, com muitos percalços, mas há quem invista neles. Será bonito o dia em que todas as catedrais tenham seu cantor e todas as dioceses seus músicos conscientes de seu papel. Agora, o amadorismo ainda prevalece.

60
O LÚDICO E A FÉ

PZ

O que penso e digo pode não ter a menor importância, porque eu sempre quis ser um profeta menor; mas já que amigos desejam que eu registre por escrito o que penso, direi com serenidade: *o lúdico faz bem à fé*. Essa matreirice e quase adolescência de alguns sacerdotes cantores na mídia têm seu lado bom. Padres quase meninos de olhos arregalados e felizes anunciando um Jesus que experimentaram, ainda que sem estudá-lo devidamente, mexem com os adolescentes. Também leigos cheios de fé e mergulhados em seu chamado dentro de algum movimento de Igreja passam essa alegria.

Não se pode esperar de um jovem de menos de 18 anos que pense filosoficamente. Alguns sacerdotes cantores trouxeram o lúdico de volta à Igreja, onde muitos pregadores, sem o quererem, faziam um rosto de quem havia tomado limonada sem açúcar, antes de subir ao púlpito. Espero que um dia o rosário também seja orado com alegria e que as câmeras não focalizem pessoas abatidas e tristes a falar com a mãe do Cristo. Este brilho, os olhos fala muito alto.

Ver um padre feliz, pulando diante do altar e fazendo o povo pular feliz, na hora certa, isto é, antes da missa, certamente não durante o "Santo" e o "Glória", aproximou muitos fiéis da Igreja. Aparentemente, fazer aquilo tudo sem pregar uma só palavra filosófica e sem incomodar demais o povo com muito palavrório deu resultado. É a ideia de uma fé descomplicada. Para a idade da adolescência e para o povo que não lê nem se pergunta muito sobre transcendência e imanência, tem sido bom. É Davi dançando diante da Arca.

O rei feliz, às vezes meio sorumbático, dançou diante da Arca e sustentou o que fez. Três mil anos antes desses jovens padres, o rei achou isso fundamental: alegrar-se diante do Senhor.

Até aí tudo bonito. Mas depois vem o complemento: Davi era um rei que falava abertamente das dores do mundo, das dores de seu povo e da libertação de sua gente. Ele fez política, versejou e cantou a liberdade e os direitos de seu povo. O gesto foi de festa, mas os textos e os salmos a Davi atribuídos foram de libertação e política da pesada.

Aí começa a diferença e o desafio de Davi aos que hoje dançam e batem palmas nos templos. O Davi que dançava tinha também um discurso político, religioso e social. Ensinou o louvor, mas ensinou o engajamento na política de seu tempo. Dançou algumas vezes talvez, mas depois foi visto brigando, dizendo as coisas como as coisas são ou deveriam ser, pondo os pingos nos is, chorando, contemplando e sacudindo seu povo.

61
A DANÇA DIANTE DA ARCA

PZ

A dança diante da Arca foi um momento lúdico, mas não era coisa de toda a hora e de todos os encontros. O mesmo desafio nos é posto. Quando vem a hora da denúncia, demonstramos se nossa palavra e nossa canção cabem dentro do projeto do Reino. Há uma hora em que precisamos ser Jeremias, Isaías e João Batista.

Aqui eu vejo os excessos da mídia festiva. Se um padre quiser celebrar uma vez uma missa bem-comportada e sem palmas, danças e balanços, vai ter dificuldade. Por que razão a mídia não religiosa transmitira uma missa sem a festa? Para isso bastam as de Natal e Páscoa em Roma, que ultimamente só são transmitidas pela TV católica. Nossa canção não pode fazer-nos prisioneiros de um momento. Não podemos estar condenados a repeti-lo e a bater palmas em todas as missas que cantaremos. Há uma hora em que o cantor precisa sair da festa, das palmas, da dança e do lúdico.

Conseguiremos sair da missa e da canção que agita a missa para a canção que faz pensar? Há louvor sem balanço? É a incômoda pergunta que faço a meus alunos. Já sabemos que missa sem balanço e palmas atrai pouco os jovens. Seríamos capazes de entender quando uma canção tem palmas, balanço e ritmo demais?

A Bíblia mesma o diz quando afirma que "há um tempo para cada coisa debaixo do céu" (Ecl 3,1-8). Missa de Finados não pode ser missa de festa sem-fim. A liturgia supõe esses humores e esses tempos. Questionemo-nos quando toda missa tem balanço, bateria, tambores, festa. É até bonito, mas não bate com a realidade, nem do povo, nem da fé. Chorar junto e celebrar a dor também é religião. Jesus não fez festa o tempo todo.

Já fiz muito show parado e sério. Havia morrido gente da Igreja local naqueles dias e aquele povo estava precisando de uma celebração mais comedida. Proponho algumas missas sem canção alguma. Se andam dando nomes para as missas, como missas de cura e de libertação, que tal uma missa sem música e sem palmas? Talvez alguns cantores e músicos descobririam que sem nós a missa continua maravilhosa. A música não faz a missa, mas a missa deveria fazer a música. Nem sempre o faz. Às vezes, o texto e melodia não têm nada a ver com o que acontece naquele altar. Faltou um curso de liturgia ao líder da banda!

62
ENTRE O ESPETÁCULO E A DOUTRINA

PZ

Que fique claro! Não se diminui um cantor porque escolheu acentuar a festa, o espetáculo e o visual, nem se eleva o outro porque optou pela mensagem sem a linguagem do visual. São escolhas que devem ser analisadas, mas isso não torna um mais santo nem melhor que o outro. O inglês é uma língua que mais gente estuda, mas isso não diminui o francês e o espanhol. O acento na mensagem é uma linguagem, mas isso não diminui o acento na festa e no espetáculo. Tudo vai depender do que se ensina no intervalo entre uma e outra canção.

A catequese católica não está na canção. É a canção que está na catequese católica. Não sou dos que dizem que uma canção é em si mesma uma catequese. Acho que ela faz parte, mas ainda ponho a pregação falada acima da pregação cantada. A canção é secundária.

Como professor e pesquisador de música e comunicação religiosa, minhas observações aos sacerdotes e leigos cantores não param na canção. É o antes, o durante e o depois da canção que vale. Quero saber que parte do catecismo, que documentos e que doutrina eles ensinam após cada canção. Quero saber se são tão bons pregadores quanto são cantores. Se ensaiam tanto para pregar quanto ensaiam para cantar.

A doutrina e a vivência são o bolo. A canção é apenas o chantili da catequese. Pode-se saborear um bolo sem chantili. Com ele, porém, pode ficar melhor, a menos que o chantili esteja deteriorado. Diga-se o mesmo da canção católica! A letra, o modo de cantar e tocar podem determinar se ela é um bom ou um mau chantili.

63

O CANTO GLORIOSO DOS VENCEDORES EM CRISTO

PZ

A festa era o cinquentenário da cidade, o prefeito era católico e o vice, evangélico. Encontro ecumênico. Os cantores também eram de três igrejas. Falei e cantei o diálogo. Comecei com a canção *"Iguais"*. Assim que o cantor, famoso entre eles, subiu ao palco, em resposta a meus abraços e elogios fraternos ao pastor da Igreja dele, amigo meu de longa data, ele começou uma canção que dizia que o Cristo dele não era de barro e que santo só Jesus o era. Era música feita para atacar católicos.

Fiquei sério e, quieto, desci do palco. Alguns da Igreja dele pediram desculpas, inclusive o pastor. Eu havia cantado cinco canções. O vice-prefeito gentilmente se aproximou do microfone, tomou a palavra falando da harmonia que reinava na cidade entre católicos e evangélicos e não deixou mais o cantor seguir com as cinco outras que lhe eram destinadas. O povo percebeu. Mais tarde, perguntado sobre o que eu tinha a dizer sobre o acontecimento, respondi: *"Foram séculos de agressões entre as Igrejas. Faz quase um século que estamos nos aproximando. Fico feliz em saber que os prefeitos, os donos de padaria e pizzaria e os sorveteiros entenderam. Agora, só falta que pregadores e cantores entendam o ecumenismo!".*

Ouvi, dias atrás, no rádio, uma canção que falava de vitória sobre o inimigo e de cantores em ordem de batalha. Era bonita. Pensei que se referia ao demônio e ao pecado. De repente o cantor começou a falar e disse que cantava para derrotar aqueles que não aceitam Jesus. Sonhava com o dia em que não ouvisse mais no rádio nenhuma canção que não fosse de louvor. Senti-me atingido. Minhas canções *"Utopia"*, *"Oração pela Família"* e as outras muitas de compaixão, de dor e libertação, segundo ele, seriam banidas. Mas aí, por questão de lógica, ele também teria de banir 120 dos 150 salmos, porque todos eles falam de outros temas além do louvor.

Por sua fala, ele não gosta de ouvir um cantor de libertação que defenda os direitos humanos, as águas, a ecologia, os famintos do mundo. Ao desejar que fossem banidas do rádio as canções que não falam de louvor, excluiu mais da metade da Bíblia, que não é apenas um livro de louvor.

É nessas horas que o cantor torna-se sectário. Neste caso, deixa de ser cantor religioso. *"Canto para silenciar aqueles que não te louvam"*, dizia a letra. Deu pena! Canções religiosas não podem enveredar por esse caminho.

Muitos cristãos saíram de seu canto e de suas tocas há alguns anos, com a pregação do cristão glorioso, vitorioso, certo, certíssimo e vencedor em Cristo. Um novo zelo missionário os ajudou a dar a volta por cima e fazer o país sentir respeito pela figura do pregador pentecostal e evangélico. Dizem isso com orgulho: "Sou evangélico". Nada contra! Merecem respeito. Mas aqueles entre ele e entre nós que desrespeitam os que cantam a compaixão merecem repreensão. Onde fica o texto de Mateus: *"E, vendo as multidões, teve grande compaixão delas, porque andavam cansadas e desgarradas, como ovelhas que não têm pastor"* (Mt 9,36). Quem canta essa passagem deve ser silenciado?

64
EXIBIÇÃO DE VOZ

PZ

A moça cantava bem. Voz estupenda! Não havia como não admirá-la. Mas não "bolava" tão bem quanto cantava. Faltou-lhe um curso de liturgia. Aliás, oferecido foi, mas ela não quis ir. Se tivesse ido, teria aprendido o suficiente para não cometer os graves erros que cometia a cada missa dominical, em que funcionava mais como *crooner* do que como cantora da fé. Seu irmão, excelente violonista, foi ao curso e voltou tocando com leveza, sem excesso de firulas, entrando e saindo na hora certa, sem nunca abafar a voz dos cantores e do povo. Dava gosto ouvi-lo. Quanto a ela, a voz era linda, mas era um desgosto ter de ouvi-la. Motivo: aparecia demais! Só dava ela ao microfone.

Não resistia a umas firulas de voz, inventava palavras e intermezzos no meio da canção, para que sua linda voz aparecesse; jamais cantava apenas a melodia ou a letra. Dava um jeito de pôr uma palavrinha a mais no meio de uma sentença e outra e de dar mais uma voltinha na canção. Assim, sua linda voz apareceria umas dez vezes por música. Destacava-se tanto que os fiéis começaram a reagir e olhá-la com desaprovação.

O pároco resolveu intervir. Sentou-se pacientemente com ela e explicou por que deveria reaprender a cantar: sua presença no culto era excessiva, as outras vozes sumiam ante a dela. A impressão que se tinha era a de que ela era o coro da paróquia e a voz maior de todas as celebrações. Não liderava: abafava.

Não deu certo. Magoou-se com o pároco e parou de cantar. Uma colega a substituiu, do jeito que pede a liturgia. Toda a comunidade achou melhor, porque, agora, cantavam o coro e o povo. Raramente se ouvia a voz da líder, exceto para introduzir a canção. Sentindo-se preterida, ela, que não admitia ter que aprender, deixou de frequentar as missas.

Seis meses depois, adivinhem onde ela estava? Em uma recém-fundada igreja pentecostal que a convidara para cantar. Lá o pregador não impôs nada. Poderia cantar como quisesse! Não podendo levar o irmão, levou com ela o namorado; ele, tecladista. Converteram-se.

A história não termina aqui. O pastor da nova igreja sofreu um acidente e passou a liderança a outro, que impôs normas para o canto na comunidade. Era da mesma linha dos católicos: solista não deve aparecer demais, deve liderar de maneira que outras vozes e o povo apareçam. Outra briga! Outra igreja! Foi vista cantando em duas outras igrejas pentecostais.

Isso até que um padre jovem bem legal lhe ofereceu a liderança do coro, em uma matriz de periferia, frequentada por mais de dois mil fiéis. Aquela voz lhe serviria! De pouca formação litúrgica o padre não opôs nenhum obstáculo. Melhor ela que outras vozes desafinadas! Ela venceu! Está cantando como sempre quis, do jeito que sempre desejou e sem regra alguma que a impeça de mostrar o dom que Deus lhe deu.

Canta longos solos de oito minutos, sua voz se ouve, o tempo todo, a ecoar pelo templo. Quem passa lá fora só ouve a voz dela. Todo o mundo está feliz, e ela mais ainda. Achou o lugar e a liturgia de seus sonhos. É! Pois é!

65
A CULPA DOS PROGRAMADORES

PZ

Um amigo, excelente compositor católico, queixava-se do fato de que suas canções sistematicamente não eram tocadas em determinadas emissoras de outro movimento.

Lembrei-lhe que a culpa não é nem dos compositores, nem dos cantores daquele grupo de fé, mas de quem programa a rádio. Se é alguém do movimento, ele acaba tocando apenas as canções com as quais sintoniza e descarta as de outra visão pastoral ou de outra mística.

Procurem-se os discriminadores entre os programadores. São esses jovens, em geral são jovens, que não tocam músicas de outra linha de catolicismo. Que os catequistas deles alertem contra tal procedimento: é pecaminoso! Excluem irmãos com grande conteúdo e sonegam ao povo o direito de ouvi-los e a eles o direito de serem tocados. É comportamento de seita!

Querem saber se eu e meus colegas dehonianos praticamos isso que ensinamos? Frequentemente convido cantores que não são de minha linha de espiritualidade a cantar comigo. Dou-lhes o maior apoio. Na paróquia onde comecei e onde muito do que se tem de música católica no Brasil de hoje começou comigo, muito recentemente, ao invés de chamarem meus cantores, chamaram o Dunga e seus companheiros da Canção Nova. Foram mais do que bem-vindos. Estamos abertos a outras linhas de espiritualidade. Gostaríamos que todos estivessem e que todos tocassem canções de todas as correntes de catolicismo. Não é o que acontece. Culpa dos programadores!

66
O LUGAR DO LEIGO CANTOR

PZ

De longe, os padres cantores recebem mais divulgação. E não é por serem melhores cantores. É porque são padres. Quando cantar for ainda mais comum do que é, os cantores terão de ser divulgados pelo mérito da voz e do discurso, porque padre que canta já não será mais novidade. Não vejo com bons olhos o padre cantar à frente dos holofotes e a banda toda tocar atrás. Baterista ou guitarristas talvez tenham de ficar no fundo, mas sou a favor de microfones e cantores ao lado do padre cantor, para que o povo entenda o que é a canção religiosa. É um trabalho conjunto e os holofotes devem brilhar sobre todos, principalmente sobre o povo que canta.

Tenho adotado esta prática. Meus grupos têm nome. Não são a "banda do padre". Eles existem, e sem eles minha canção perderia seu apelo. Eu prego melhor que eles, mas eles cantam melhor que eu. Que ocupem seu lugar na linha de frente! Assim penso e assim tenho agido nestes 50 anos. Sempre concordamos em tudo, porque eles não são marionetes. Mas isso é claro: eu programo o show, mas eles cantam a meu lado e podem escolher algumas canções a seu talante.

Aonde quero chegar com isso? Quero lembrar que, para o sacerdote católico, a canção deve ser sempre secundária. Para o leigo pode ser sua forma de anunciar Jesus, já que a maioria deles não teve a chance de ler e estudar o que sacerdote estudou. A mim compete pregar e, "eventualmente, cantar enquanto prego falando". Ao leigo músico e cantor compete cantar e, "eventualmente, pregar falando", enquanto canta e toca. Ele pode dar ênfase à canção. Eu não posso! Não fui ordenado para isso!

A Igreja não ordena padres cantores, mas conta com o talento dos leigos cantores. Entre pregar falando e cantar, um sacerdote não tem escolha. Deve pregar falando. Entre os católicos, a palavra falada e escrita é mais forte que a palavra cantada. A canção vem depois e não é essencial na catequese. Recebi olhares de desaprovação de jovens cantores e bandas quando disse isso num congresso. O bispo ali presente confirmou minha fala. Cantor, por mais bonita que seja sua canção e por mais que arraste o povo, é profeta menor! Há profetas com muito mais responsabilidade na Igreja. Não supervalorize o cantor, nem mesmo quando ele é padre.

67

QUANDO O PADRE ROUBA A CENA

PZ

Uma senhora queixou-se do fato de que eu cantei apenas oito canções solo em um show de duas horas. Ela viera para me ouvir. Lembrei-lhe que cantei oito solos e quinze outras canções com os cantores e o povo. Mas aproveitei para lembrar que o sacerdote não deve tirar a chance dos leigos jovens, cantores da fé. Havia ali cinco bons cantores e cantoras que tornaram o show bonito. Nada mais justo que o leigo também cantasse, até porque cantavam melhor que eu. Há momentos em que o padre deve sair de cena e deixar que seus jovens cantem.

Não exageremos. Não acontece com todos. Mas há padres que aparecem de forma tal que sua banda desaparece. Quando alguém diz que o pregador é o padre, diz apenas uma parte da verdade. Há outros mensageiros. E a outra parte da verdade afirma que na missa ou em um show os mensageiros são o padre, os leitores, os acólitos, os ministros, os cantores e músicos que com ele atuam. Em um palco estão seis ou sete convocados, dos quais um é pregador e os outros são artistas e cantores. Liturgia não é só canção, palco não é altar e show não é missa. Quem não percebe a diferença deve voltar à escola. O pregador não é o único mensageiro da fé na missa ou no palco.

Se na missa o padre não pode ser o centro das atenções, muito menos o deve ser no palco, onde, sem os artistas, o show quase sempre seria pobre e sem graça, porque poucos pregadores cantores tocam ou cantam bem. De vez em quando brigo com os jovens que cantam comigo, mas eles sabem quanto me devem e eu quanto devo a eles. Sem os maestros, os músicos e os cantores, e de maneira especial, sem a gravadora e editora *Paulinas*, eu nunca teria saído daquela paróquia onde foram me procurar. Não posso roubar a cena. Se a açambarcar, será roubo.

68
A VEZ DOS LEIGOS

PZ

Leigos de excelente voz e capacidade de interpretar com arte e maestria, gente humilde que realmente quer servir Jesus se interrogam sobre o porquê da ênfase nos padres cantores, quando cantar é mais ofício do leigo que do sacerdote. As moças querem saber o mesmo. Por que a Igreja ainda não acentuou nenhuma religiosa ou mulher e por que quase sempre que o padre canta, o leigo raramente aparece? Citam meus shows como exceção. Mas tenho visto Pe. Joãozinho, Pe. João Carlos e pelo menos dez sacerdotes fazerem o mesmo. Eles, como faço eu, dão destaque aos cantores. Percebo que o quadro está mudando. Alguns padres estão cantando menos e levando os leigos a cantarem mais. E dão nomes a suas bandas. Mas há outros que ainda roubam a cena.

Tenho adotado, desde o começo, a postura de que os leigos são partes fundamentais de meu show. Cantam a meu lado canções deles, têm rosto e têm nome, e, nos cartazes e outdoors, exijo que se ponha o nome deles ao lado do meu. Eles devem ser protagonistas.

Acho que todo padre que canta deve dar destaque a seus músicos e dizer o nome deles ou deixar que se apresentem, caso demonstrem desejo de fazê-lo pessoalmente. Que o público conheça o rosto, a identidade e o nome de quem está animando aquele show! No meu caso, isso diminui meu estrelismo e põe mais estrelas brilhando a meu lado. É mais pastoral também. O jovem deixa de ser auxiliar e passa a ser colega de trabalho. Isso marca tanto que, depois de quase oito anos sem cantar comigo, as *Cantoras de Deus* ainda são vistas como um grupo ligado a mim. Também o *Grupo Ir ao Povo*. Continuam colegas de trabalho, mesmo sem estarmos juntos.

Por isso, saio do palco ou fico de lado, enquanto cantam seus solos e seguram o show. É a vez dos jovens. Não tenho visto isso com relação a alguns padres cantores. Mais cedo ou mais tarde haverá essa cobrança, justa por sinal, posto que a Igreja quer os jovens falando e cantando por si mesmos, e não como adendos ao padre. Um show muito clerical nega a força dos leigos.

69
QUANDO O LEIGO ROUBA A CENA
PZ

Se é verdade que ainda há padres que roubam a cena, aparecendo demais enquanto cantam, também é verdade que, em algumas liturgias, há leigos que roubam a cena, abafando a celebração e os demais participantes. É o caso do cantor que aparece demais, ou do músico que toca forte obrigando os outros a também tocarem forte. A liturgia perde a leveza. Mais parece show de rock pop do que missa.

Guitarristas, cantores, tecladistas, bateristas que se entusiasmam e transformam seu serviço em exibição perdem de vista o essencial da liturgia, que é levar a orar e elevar. A canção litúrgica existe para elevar as almas e não o volume dos instrumentos.

A queixa generalizada é que as bandas e os grupos que tocam nas missas abusam do volume. Outra queixa muito comum é contra os cantores que escolhem músicas de difícil aprendizado ou aparecem tanto que não sobra para a assembleia. É exibicionismo. Pior ainda, quando, sem perguntar ao celebrante e sem oferecer previamente a canção para análise, o líder do grupo apresenta sua nova canção na hora da ação de graças. Como explicar que não é vaidade? Se ao menos tivesse mostrado a canção antes ao presidente da assembleia!... Não! O rapaz ou a moça exibe-se à custa da celebração. Canção para ser cantada na missa tem de ser previamente analisada. Não admira que, em uma paróquia de São Paulo, o padre tenha sido surpreendido com uma canção de ação de graças que dizia:

Nesse dia florido demais
Vou cantar o meu canto de paz
Que é um canto que nos satisfaz
E que deixa o pecado pra trás.

Adorarei-te e te louvarei-te
Porque vossa bondade me faz feliz
E nesta comunhão oferecerei meu pão
Para uma consagração
Que ajudará a nossa salvação.

Autêntico samba do crioulo doido, digna de um Estanislau Ponte Preta que numa canção nos anos 1970 ironizou os compositores que não diziam coisa com coisa. Mais de dez erros e imprecisões em apenas nove linhas de canção não corrigida. O leigo roubou a cena e o celebrante foi surpreendido com uma canção que de liturgia tinha quase nada. Errou a hora e o foco.

70

DOIS TIPOS DE CANÇÃO PROFÉTICA

PZ

Das muitas profecias da Igreja – e são muitas as profecias –, maior é a de quem cria instrumentos e espaço, e condições para outros profetizarem. Explico-me. Quem cria um canal de televisão e o mantém, quem cria um hospital e o mantém, quem funda uma casa de acolhida às vítimas do HIV e a mantém, oferece profecia maior que os que vão lá e falam. É na hora de pagar as contas que se vê o tamanho de uma profecia. O pregador que fala e canta, às vezes, nem presta contas do que diz. Não nos enganemos. Profeta menor vai lá e dança, canta, emociona os outros e fala. Profeta maior vai lá e cria espaço para a Palavra de Deus chegar ao povo. Dói mais nos possibilitadores que nos pregadores da Palavra.

É fácil criticar um canal de televisão, uma editora, uma livraria, um grupo que cria espaço para a Palavra. Mas quando alguém faz isso por 10, 20, 70 anos, aí se vê o tamanho de uma profecia. Por isso, nunca deixei de trabalhar com as *Paulinas*. É fácil ir lá, gravar, publicar, e, depois que ficamos conhecidos, mudar de gravadora e de editora. Pela mesma razão, permaneço também filiado à Congregação que me ajudou a ser quem sou. Eu fico porque elas tornaram possível o que dizem que é minha profecia. Foram mais profetizas do que eu. Penso o mesmo dos canais de rádio e de televisão nos quais atuo. Só sairia de lá se não me quisessem. Se sou anjo e mensageiro, eles são mais.

Respeito-os quando acham outros que eles consideram melhores do que eu. Já indiquei muitos profetas mais cultos do que eu para as emissoras onde trabalho. É nosso dever dar ao povo o que há de melhor. Este mesmo dever nos leva a tecer críticas aos colegas que fazem afirmações que contradizem o catecismo de nossa Igreja, que divulgam devoções que negam o momento de nossa fé. Se alguém pusesse na mão de Jesus uma espada e divulgasse essa imagem, eu certamente combateria esse irmão e sua devoção. Não deixaria de admirá-lo, mas não me calaria com relação a esse item. Se um cantor cantasse uma frase que nega um dogma eu o admoestaria. *"Quero amar somente a Deus"* é uma frase bonita, mas teologicamente insustentável. Eu elogiaria o resto da canção, mas criticaria esse texto e o mudaria. Mudá-lo-ia para *"Quero amar o nosso Deus"*.

Profetas devem aprender um com o outro e, como Paulo e Pedro, ter a gentileza de corrigirem-se mutuamente. Peca o que ofende e humilha enquanto corrige; peca o que não aceita ser corrigido e faz muxoxo e cara feia quando corrigido. Ainda não nasceu um cantor ou compositor perfeito. Temos mais é que aceitar ser corrigidos. Algum dia, em alguma canção ele vai errar. Já errei, já corrigi, já aceitei mudar muitos textos. E olhem que tenho 50 anos de música católica! Deveria saber mais! Já disse aqui que acabo de acrescentar uma quinta estrofe à canção "Um Certo Galileu". Contar a história de Jesus sem falar da ressurreição ou da parusia é uma falha. Foi corrigida! Os editores têm o direito de nos corrigir sim! Afinal, quem edita e paga as contas no fim do mês são eles! Seu risco é maior!

71

CANTAR A TEOLOGIA

Quem quer dialogar, fale com clareza e com precisão. Foi Roger Bacon, um teólogo franciscano, quem disse que aquele que deseja fazer teologia leve ao diálogo, deve estudar grego, hebraico, árabe, e ler os livros escritos nessas línguas, além de saber conjugar filosofia com teologia. Que o pregador seja bem-informado sobre a fé do outro. E foi outro Bacon, também ele, inglês, Francis Bacon, que disse que os quatro preconceitos ou ídolos perigosos da mente são:

1. Confiar demais em nossas percepções, negando-nos a aceitar a contribuição dos outros.

2. Julgar apenas a partir de nossa experiência pessoal, de nossos gostos e de nossas preferências.

3. Usar palavras imprecisas e ambíguas que não dizem o que realmente deveriam dizer e, por isso, dificultam a comunicação entre as pessoas.

4. Partir para um dogmatismo fanático de quem não aceita novas formas de ver as coisas. Seria como se negar a fazer uso de novos telescópios, com medo de que eles mudem nossa visão das estrelas!...

Cantar é comunicar. Que nosso canto diga coisas que todos entendem e seja compreensível, sem perder a profundidade. Que as melodias não sejam tão rebuscadas que impeçam o povo de cantá-las, a menos que queiramos dar um show na missa. Nesse caso, cantemos canções rebuscadas, para que o povo apenas ouça e nos aplauda. Mas aí já não é liturgia: é show de canção bonita e certa no lugar errado!

72
DELETAR O OUTRO

PZ

Não é nem tão rara, nem tão passada, a notícia de que, nos regimes comunistas, deturpava-se a História, deletando nas fotos oficiais a imagem dos desafetos. Acontece hoje com enorme frequência. Incapazes de distinguir entre o correligionário, o irmão de fé e o amigo, os ditadores e os partidos que os suportam deletam quem, por questão de consciência política, optou por outra sigla; igrejas deletam que aderiu a outra; e movimentos de Igreja deletam quem optou por outro caminho dentro da própria Igreja. E há os que deletam quem os critica ou ousa sugerir que mudem. Falam como se o outro tivesse morrido ou como se nunca tivesse existido. Apagam-no de sua mídia. Sabe isso quem estuda comportamentos grupais.

Há irmãos que deixam de ser irmãos; amigos que deixam de ser amigos porque o outro não pensa mais como pensava. Proíbem que se fale com a pessoa que mudou de ideia. Tratam-no como se tivesse roubado, matado ou destruído maldosamente um grupo. Não distinguem. Dão a quem apenas ousou dizer a verdade o mesmo tratamento que se dá a quem foi realmente maldoso e desviou dinheiro da mesma igreja ou movimento. Fazem como o líder de certa nação em evidência que, quando na oposição, fez greve de fome e foi visto como herói, mas, já no governo, ao visitar a outra nação cujo líder ele admira, tratou como bandido comum um prisioneiro político que, lá, fazia greve de fome. Foi vencido pela ideologia. Greve de fome de seu lado é heroísmo, do outro lado é banditismo!

Houve e há os que matam quem ousa discordar de sua religião ou partido. Quando não matam, silenciam ou sujam o nome da pessoa. Uma coisa é falar à pessoa, falar às autoridades da Igreja, às autoridade do Partido, e outra, destruir sistematicamente o irmão ou a irmã que optaram por deixar o grupo.

A verdade é que deletar quem discorda nem sempre dá certo. Com todo o poder de mídia, Igrejas e grupos de Igrejas, por mais que o façam, não conseguem apagar a memória de alguém cuja palavra vingou e deixou marcas. Tentaram isso com Jesus! Quem acabou no esquecimento foram seus deletadores.

Uma das atitudes mais cruéis de nossos dias é deletar alguém da mídia. Se não é dos nossos, não será lembrado, nem citado, nem elogiado. Morreu! Chega-se ao ridículo de esquecer, de propósito, um autor de mais de 100 obras para ressaltar o que fez duas, ignorar quem começou um caminho para ressaltar quem veio trinta anos depois. Tudo isso porque a pessoa em questão não reza pela cartilha de quem possui aquela mídia. Acontece nos partidos, nas ONGs, nos movimentos, nas igrejas e nas comunidades.

Como Deus discorda, mas não deleta, os deletadores de ex-companheiros vão na direção oposta à de Deus. Quem não consegue ser amigo de quem não pensa, nem ora do mesmo jeito, não entendeu o que é política, nem religião. Setorizou e sectarizou! Os sectários e fanáticos raramente sabem conviver. Seu problema não são os outros: são eles mesmos!

73

NA HORA CERTA E DO JEITO CERTO

PZ

Falemos do alcance de nossa mensagem. Até onde queremos ir? Quantos queremos atingir? Quanto mais, melhor? Ou estabeleceremos um limite? Invadiremos o espaço dos outros? Nada nos deterá? Será falta de espírito missionário não querermos chegar a todos? Entre o avião que dá a volta ao mundo e o que apenas chega a Manaus, em qual deles embarcaremos?

Não sou contra os grandes aviões. Eu só acho que avião pequeno também chega. E ônibus e caminhões também. Demoram mais, mas chegam. As grandes companhias de música e os grandes canais de televisão para mim são como enormes e poderosas aeronaves que poderiam me levar até a Hong Kong ou às estrelas em poucas horas ou poucos dias. Mas eu prefiro comprar o meu bilhete e dizer até onde quero ir.

O piloto me leva, mas não me diz aonde eu devo ir. Eu digo! Digo onde embarco e onde desço. Estratégias de marketing funcionam bem para chocolate e queijo, mas nem sempre dão certo para a fé. A fé é um produto bem mais complicado. Empurrada sem critério, pode viciar mais depressa que cocaína. Religião tem de ser assimilada aos poucos. Canção religiosa também.

Minhas canções em geral levam dois a três anos para pegarem. Depois duram tempo razoável. Prefiro assim. Respeito quem faz do outro jeito, mas meu jeito tem sido esse. Sou avesso à massificação da palavra ou da canção. Sempre fui. Não estou sozinho nisso! Sei de outros cantores que pensam como eu.

74
CANÇÕES HERÉTICAS

PZ

Entro em um tema incômodo. Compositores que não leram direito a Bíblia nem estudaram direito o Catecismo decidiram fazer canção religiosa. Agem como o pedreiro que decidiu construir um prédio sem ter estudado arquitetura e engenharia. A letra de muitas canções trai seu parco conhecimento de teologia. Não é preciso ser teólogo para compor. Mas espera-se do compositor católico que tenha ao menos lido a Bíblia e o Catecismo. Afinal, sua canção pode dar certo e chegar a milhões de ouvidos!

Se a CNBB decidisse criar uma comissão de catequistas e teólogos para examinar a catequese errada que se dá através da música, imagino eu que muitos livros de canções teriam de ser corrigidos e reeditados. Alguns CDs teriam de sair de circulação e, com eles, muitas canções proibidas, porque ensinam heresia ou induzem a ela.

Cito algumas frases que, por mais poéticas que sejam, precisam ser explicadas:

- Quero amar somente a Ti (Deus).
- Somente a Ti eu hei de amar.
- Voarei com os teus anjos.
- Ouvirei meu anjo salvador.
- Ó Maria, teu nascimento nos trouxe a salvação.
- Só Jesus é meu tudo.
- Longe deste mundo pecador.

– O Espírito Santo é o próprio Jesus.

– Jesus, és meu pai e meu irmão.

– Cristo, meu salvador e meu Pai.

– Maria, abelha santa que nos deu o mel mais precioso.

– Anjos pairando ao redor desta mesa.

– Não quero nada mais, senão ficar aqui e te adorar.

– Fui revelado e finalmente sou cristão.

– Basta que ores e tudo se resolverá...

– Não morreu naquela cruz, apenas repousou...

– Abraçaste alegre a tua pesada cruz.

A boa intenção às vezes trai o despreparo. Há conceitos fundamentais que, às vezes, uma canção ou uma palavra fora de contexto pode derrubar.

Eu seria a favor, mesmo que isso fosse chamado de censura, que os bispos chamassem a si e a alguém escolhido por eles a tarefa de verificar se as letras que se cantam em sua diocese não negam algum dogma ou não deixam confusão. Há muita gente que nunca estudou catecismo fazendo letras que se cantam na missa. Se dez mil pessoas cantam errado, dez mil pessoas se multiplicam e podem perpetuar um erro.

Detecte os erros nesta canção:

Quando chegar aquele dia,/ quero ser como Maria,/ habitar naquela hóstia/ ao lado do seu Jesus. E dentro daquela hóstia/ hei de me eucaristizar/ porque eu sou o sacrário/ onde Jesus quer morar.

Beberei aquele sangue derramado no Calvário e que, agora, no sacrário, também posso receber...

Seu pároco que estudou teologia saberá lhe explicar os mais de cinco erros crassos de doutrina que há nessa canção que se pretende eucarística.

75

A CANÇÃO QUE LEVA AO PECADO

PZ

Há estradas que levam ao lugar certo e estradas que, a depender do projeto de viagem, levam a lugar errado. Se quero ir ao Rio de Janeiro, não vou tomar a estrada que leva de São Paulo para Curitiba. São Paulo diz que pecar é errar o alvo: *hamarthia!*

Se somos seguidores de Jesus, canções atrevidas que convidam ao pecado, à traição, ao sexo sem amor e compromisso, à violência, a ridicularizar os outros, a desrespeitar outras igrejas, a nos colocar como primeiros e maiores, a garantir milagres só naquele templo e a pôr medo nos fiéis – tais canções levam ao pecado.

Por mais cristã e bonita que seja uma canção, se o grupo que a canta pisou no outro e roubou-lhe o lugar e o palco naquele congresso, ela é fruto do pecado. Cantores sorridentes, cabecinhas tortas e com pose de convertidos chamaram o povo a deixar Jesus tocá-lo, mas antes de subir ao palco seu agente se encarregou de tocar para fora do evento dois outros grupos com menos mídia e menos poder de fogo. As canções falavam de servir a Deus, mas alguns irmãos que foram convidados a cantar naquele evento tiveram de empacotar as malas e voltar para casa tristes, porque alguns cantores com poder de marketing e vaidade maior do que o palco e o evento insistiram em cantar doze canções, quando deveriam ter cantado apenas cinco.

Há canções bonitas que se cantam à custa de outros a quem não foi dado espaço. Há cantores que se ofendem quando um outro é mais convidado do que eles. São cantores que fazem tudo para não sair tão cedo do palco enquanto outros esperam lá sua vez. E há os que torcem para que o cantor que não é de seu grupo saia logo do palco para que sua banda suba lá e estraçalhe em nome da fé. Que fé?

Só há uma canção que realmente faz bem ao povo de Deus. A que leva à humildade, ao diálogo e não vem revestida de métodos injustos de marketing. Não é que toda nova cantora e novo cantor devam poder cantar 12 canções porque quem já caminha há quinze ou vinte anos e sabe lidar com o povo teve essa chance. Mas tem de haver chance para os novos, e os antigos devem saber disso, tanto quanto os novos devem respeitar quem tem teologia e um caminho de catequese.

A vaidade vem do pecado e leva ao pecado. Canções executadas graças à vaidade de algum grupo e de seus marketeiros são frutos do pecado, por mais bonitas que possam ser. Uma coisa é ser convidado sem forçar seu lugar em um palco e outra é forçar seu lugar. Quem faz isso repete o erro dos dois filhos de Zebedeu e de sua mãe. Brigaram pelo primeiro lugar.

76
CATEQUESE EM CANÇÃO

PZ

É ousado afirmar, mas ouso e afirmo. Está faltando catequese na canção religiosa. Há poucos cantores abordando a fé católica como um todo. A meu ver não passam de oito. A grande maioria enveredou pelo coro do "louvai-o e exaltai-o". Não está errado. Parcializa demais a catequese. A vida cristã não é apenas louvor. De mais de duzentos aspectos da doutrina e da pastoral da Igreja, escolheram apenas um tema e, de vinte canções em um show, são capazes de cantar vinte canções de louvor. De vez em quando, para quebrar o ritmo, cantam alguma canção de família. Mas é o único avanço sobre temas sociais que aceitam. Seus irmãos têm até casas de apoio às vítimas do tóxico, mas eles raramente cantam sobre essa cruz.

É muito pouco para uma Igreja que pretende evangelizar o povo. É muito pouco para quem fala diariamente a milhões de ouvidos. Precisa-se urgentemente de escritores e cantores que cantem os outros temas e gestos da Igreja. Por enquanto, está quase todo mundo no "ajoelhai-vos e erguei as mãos"... Vai mudar um dia, mas não será tão cedo! Para a maioria dos compositores e cantores ainda não caiu a ficha! Caiu para quem dá assistência a grupos de sofrimento. Estão na rua e nas casas de apoio. Não estão nas canções. Não se canta esse tipo de cruz. Nem a própria cruz é cantada. Se o leitor se der ao trabalho, verá poucas canções sobre a paixão de Cristo, suas cruzes e suas dores. De algum lugar veio esta mentalidade de que canção deve ser de louvor. Trocaram o verbo "pode" pelo verbo "deve".

A PALAVRA DE DEUS E O MARKETING

PZ

A verdade chega a ser explosiva. O marketing da fé está encolhendo a Bíblia e reduzindo o conteúdo da Palavra de Deus. Em troca de milhões de ouvidos ficou reduzida a algumas frases de efeito, que estão longe de merecer o nome de catequese. Para atingir milhões de pessoas, alguns religiosos, católicos e evangélicos, aceitaram as técnicas do marketing achando que elas viriam sozinhas, bondosas e inocentes.

Raciocinaram da seguinte forma: os vendedores do mundo sabem vender seus produtos porque conhecem o povo e dominam a técnica de atrair a multidão. Nós temos algo a dizer e a cantar, mas não sabemos dizê-lo de maneira atraente e convincente. Então, por que não aceitar a ajuda dos especialistas que sabem vender outros produtos? Se vendem outros produtos, por que não a fé? Se podem tornar um cantor ou um artista conhecido da noite para o dia, por que não tornar um padre, um pastor ou um bispo mais simpático ao povo? Tudo o que temos a fazer é escolher alguém que saiba usar bem a mídia. Em troca, a Igreja ganha milhões de adesões ou emissoras de TV, a indústria do livro, das revistas e da música ganha um mercado de milhões, que até agora ficava apenas com as Igrejas. Todos ganham.

Raciocinaram errado. *Market* quer dizer mercado, *marketing* quer dizer mercadejar. Introduzir as técnicas do marketing, sem sermos nós os mentores do começo ao fim, é mercadejar a fé. É convidar o lobo para promover as ovelhas. O apresentador de TV dará espaço para o padre que, naqueles cinco a dez minutos, dirá palavras atraentes e louvará o Senhor, mas nas outras duas ou três horas a TV não mudará absolutamente nada de sua programação. A fé será, como tem sido, apenas mais uma atração. Quem se converteu foi o pregador ao marketing, não eles ao cristianismo. Quem mudou a linguagem e amansou a pregação foram os reverendos, não os marketeiros. Quem cedeu foram as Igrejas, eles apenas cederam cinco a dez minutos sem ter de mudar em nada sua ética que sabidamente desafia as propostas das Igrejas. Passa por moderno o padre e o pastor que não denunciam nada e por "quadrado", "conservador" e fora da realidade o bispo ou o padre, ou o reverendo que discorda deles e de suas novelas ou programas de baixo nível.

O jogo é o do pragmatismo. "Quero falar e cantar para milhões e minha Igreja não sabe fazer isso, mas grandes gravadoras e grandes televisões sabem, então me associo a elas e tomarei cuidado com o que vou falar, porque, afinal, estou na casa deles. Afinal, o povo está cansado de política. Então a TV dá a diversão e nós damos uma palavra de conforto espiritual. O povo que esvaziou as Igrejas, porque os padres da libertação só falavam de política, voltará com os padres da oração e do louvor." E os marketeiros católicos assinaram embaixo.

Mas é só o começo. Alguém cedeu para conseguir seu objetivo. E não foi a mídia secular! Até onde isso é válido? Relembra Machiavel! Reprisa o dito de que todos os meios são válidos para se atingir um fim. São? Seriam? Serão?

78
CANTORES EM BUSCA DE PÚBLICO

PZ

Nos últimos anos muitos católicos foram para a mídia secular e fizeram parceria com grandes gravadoras e emissoras não religiosas. Alguns pregadores católicos chegaram à grande multidão. Triunfa a fase do louvor. Houve um tempo em que se recorria a mim para reavivar a fé dos católicos. Ainda se recorre, mas meu impacto sempre foi sereno, e eu sempre apontei mais para o diálogo e para o social. Ainda chego a muita gente, mas o momento é dos que cantam a experiência pessoal e o louvor.

Os católicos de agora começam a proclamar em suas casas e em seus carros que *"são felizes porque são católicos"*, o que é uma meia verdade, porque há católicos que não são felizes, e há gente de outra religião feliz, mesmo não sendo católica. O slogan é um tanto quanto triunfalista. Tem uma palavra demais nele: a palavra *"porque"*. Se os evangélicos colarem em seus carros que são felizes porque são evangélicos, algum católico achará estranho. Um psicólogo explicará o que algumas frases em carros provocam nos outros. Pode-se escrever uma tese em torno delas. O que pode afastar e chocar não deve ser usado em um para-choque de automóvel.

Enfim, os católicos estão dizendo que são cristãos de braços abertos para o mundo, *kat holos*. Catolicismo supõe o ato de abranger, nenhum gueto, nenhum fechamento, nenhum samba de uma nota só, nenhum agarramento a um só aspecto da fé, abertura para com a pessoa e para o mundo, com a sabedoria de não se deixar instrumentalizar.

Aí minha interrogação! Pretendem eles cantar um canto vitorioso ou um canto solidário e fraterno de quem também sabe perder? Valorizemos também o canto penitencial, o canto solidário, os cantos de Sexta-feira Santa, os da Virgem dolorosa e os cantos de quem sofre junto! Aí, então, nossa canção será triunfal sem ser triunfalista. Cantar para derrotar os outros não é cantar a fé. É cantar o fanatismo.

79

CANTORES EM BUSCA DE LUCRO

PZ

Vimos que o marketing mercadeja e vende com lucro. As igrejas cristãs em geral, com raras exceções, divulgam e semeiam, mal cobrindo os custos, porque o lucro não é seu objetivo. Religioso que visivelmente procura dinheiro ganha aura, mas perde a profecia. Associar-se com quem deseja o lucro e aceitar que ele faça o planejamento é ingenuidade. Ele vai vender uma imagem, criar ídolos para vender em cima da nova imagem. Vendida a imagem, virá a idolatria. Com a idolatria, o lucro. Mas o vendido, aquele cuja imagem entrou em todos os outdoors e cubículos do país ou do mundo, terá a menor porcentagem dos lucros, além de ter de contabilizar, depois, os prejuízos da superexposição da própria imagem, que lhe tira o direito de ir e vir, e até de falar e pensar, e de anunciar outra pessoa.

É a ele que quererão, porque foi ele o produto exposto na mídia. Ele vira instituição e é chamado a falar mais do que pode e mais do que sabe. É transformado em porta-voz do que não conhece e, ao invés de perguntarem aos que realmente sabem das coisas da Igreja, perguntam a ele, já que é ele quem está exposto na vitrine. Confundem fama com cultura, preparo, sabedoria. "Ele está em todas? Então ele deve saber tudo. Nós o declaramos porta-voz de nossa fé."

Podem estar do lado dele dez doutores com vinte anos de estudo e teses defendidas, mas é a ele que os jornalistas perguntarão, porque virou mito. Quem criou a mitologia? O marketing. Quem gerou o novo semideus? O marketing! Só que gerou o novo astro, mas não sua luz nem sua mensagem. É como a história do sujeito que nem escrevia, nem tocava música, mas havia decorado, em seu violino, umas dez peças. Foi promovido a *spalla* da orquestra. Os holofotes estavam sobre ele o tempo todo. Um dia, o maestro decidiu mudar o repertório, porque aquele já estava cansando. Aí o violinista teve de admitir que não sabia ler nem tocar. Só sabia aquilo mesmo. Veio o conflito. Seus torcedores exigiram que a orquestra só tocasse o tipo de música que ele sabia. Se o maestro quisesse mudar, que se mandasse embora o maestro, não o violinista, porque ele sabia pouco, mas o pouco que ele sabia, tocava muito bem. E assim aquela orquestra passou a depender do que o violinista tocava e não de seu vasto repertório.

Isso é o marketing. Ele vende pessoas e marcas, não necessariamente um conteúdo. Em alguns casos, confunde o verbo divulgar com vulgarizar. Pode vulgarizar o corpo da mulher, as relações conjugais, o sexo, a canção e até a fé. Chama-se a isso de apelação ou baixaria. Tudo o que é excessivamente divulgado acaba vulgarizado.

80

ALIANÇAS COM O MUNDO

PZ

O mundo vai com a Igreja só até certo ponto. Deveríamos fazer o mesmo com o mundo: ir com ele só até certo ponto. Quando a Igreja se associa ao marketing laico, seguramente atinge milhões de pessoas, mas pode perder no conteúdo e no repertório. A mídia só aceita trabalhar com algumas mensagens. Ela as filtra. E a Igreja, que tem mil mensagens, terá de engavetá-las, porque o marketing seleciona só as que sacodem o povo. O resto fica na gaveta.

Corre no marketing a ideia de que não é oportuno semear demais. Bastam 18 a 30 segundos, ou 5 minutos bem veiculados. É o empobrecimento da mensagem e a supervalorização da imagem. Quando a fé vira clipe, a Bíblia encolhe. Triunfou em certa mídia o conceito de *"poucas mensagens para muitos"* sobre o conceito de *"muitas mensagens, nem que seja para poucos".* Isto é encolher a Bíblia. Além disso, mídia que é largamente visual costuma aumentar a imagem e diminuir o conteúdo. Estão fazendo isso com a Igreja!

Lutei contra isso a vida inteira. Continuarei lutando! Catequese é o oposto do *clipe*. Quando Jesus mandou pregar (Mt 10,27) de cima do telhado, não estava falando de marketing, e sim de anúncio. Ele sempre quis mais gente, mas não a qualquer custo, nem por qualquer método. O "telhado" de Jesus daquele tempo não é a mesma coisa que as antenas de TV de hoje. Conservou o direito de anunciar e denunciar do jeito que achava justo. E quando os amigos transformados em conselheiros de marketing de plantão lhe disseram que sua fala era dura, ele os mandou embora também (Jo 6,67). Não havia, como hoje, as famosas técnicas de marketing. Não consigo ver o que os entendidos em marketing alegam ver nas atitudes de Jesus. Afinal, Ele fez quase tudo diferente do que as agências de marketing aconselhariam!

Não sou contra o marketing. Sou contra esse marketing que vende roupas, partidos, candidatos ou ideias ser aplicado sem critérios especiais e sem profundas modificações para divulgar a fé. Ainda acho que a fé não é um produto. Nem seus pregadores. E se em minha igreja há muitos que aderiram ao marketing sem reservas, há muita gente que discorda dessa postura. Marketing continua significando *mercadejar*.

81
DIREITOS DE CANTOR, DIREITOS DE PREGADOR

PZ

Silenciaram um cantor católico em uma emissora porque ele não era do mesmo grupo que detinha a concessão do veículo. A nova direção o tirou da programação. Tinha boas músicas, mas orava e pregava diferente. A audiência não mais ouviu suas canções. É cruel e vai contra os direitos humanos silenciar um cantor só porque sua música não é a do grupo que dirige a emissora. Vai contra a catequese. Critique-se o que parece desvio de conteúdo, não seu direito de cantar ou não cantar para a multidão.

Não parece e não é justo utilizar de maneira pejorativa o termo padre midiático. Parece mais do que claro que os mais recentes pronunciamentos da Igreja reconhecem a mídia como uma gama de veículos a serem bem utilizados na pregação. Quem puder e achar que tem algo a ensinar pela mídia, obedeça o "ide" (Mt 28,19). Quem puder manter um "site", um "blog" ou um "twitter" na internet, que o mantenha! Longe de ser um desdouro, é um serviço. Doutores em teologia, maduros como são, certamente falarão pouco de si e mais da Teologia. É um excelente púlpito. Faz bem quem o utiliza. Que se prepare melhor os pregadores, que os pregadores se preparem melhor, que cada um assuma só aquilo que sabe ser capaz de assumir e que haja correção fraterna entre os pregadores e os cantores, para, na caridade, um dizer ao outro o que pode melhorar na linguagem do teólogo e no conteúdo do comunicador que assumiu seu lugar na mídia.

82
MIDIÁTICOS E NÃO MIDIÁTICOS

PZ

Se o termo padre teólogo, padre doutor ou padre pedagogo não é pejorativo, não é justo que se dê conotação pejorativa ao padre midiático. Há padres que usam da teologia e não são teólogos; os que usam da pedagogia e não são pedagogos; e há os que usam da mídia e não são midiáticos. Mas se um sacerdote faz dessas atividades seu modo especial de servir à Igreja, que seja respeitado como sacerdote-comunicador-teólogo, já que estuda e escreve sobre teologia; como sacerdote-comunicador-pedagogo, já que ensina a educar; ou como sacerdote-comunicador-midiático, já que ensina a usar da mídia e expande o púlpito de sua igreja. Se não quiser ser adjetivado é seu direito, mas evite então adjetivar pejorativamente o colega que faz algo diferente dele.

Recentemente um sacerdote razoavelmente culto situou-me entre os padres midiático-carismáticos. Não fiquei triste. Apenas ri de sua ingenuidade. Seja lá o que quis dizer ao me colocar nesse grupo, acertou e errou. Acertou, porque fui professor de comunicação, portanto, de mídia, por 30 anos; produzi mais de 250 trabalhos em livros, vídeos e canção, tenho programas de rádio e de televisão e desenvolvo há 40 anos atividades na mídia católica. Nada mais justo se alguém me chamar de padre midiático. Aceito críticas quanto ao conteúdo de minhas pregações, já que reconheço a autoridade dos bispos e dos teólogos, mas gostaria de ser respeitado como sacerdote que luta pela comunicação e pela mídia católica.

Quanto ao midiático-carismático, depende do que pretendeu dizer com isso. Também aceito o título de carismático, porque acho que Deus me deu esse carisma. O que prego e canto está na linha do carisma do venerável Léon Dehon. Mas meus 50 anos de pregação deixam claro que sou carismático religioso dehoniano, e não da RCC. Quero bem, ajudei muito a RCC com meus shows e meu carisma, quando ela não tinha ainda seus cantores, participo em alguns momentos quando me pedem que leve a eles um pouco do que sei e penso, ouço-os, elogio naquilo que acho notável e bom e reservo-me o direito de discordar e falar sobre o que não vejo como positivo.

Dou minha colaboração à mídia da RCC, como dou às Paulinas e Paulinos, aos franciscanos, beneditinos, lassalistas, redentoristas, jesuítas e salesianos. E dou-lhes também o direito de me corrigir, caso não interprete bem seu carisma. Estou aberto à contribuição dos outros, como à da RCC. Mas situar-me entre os padres carismáticos-midiáticos da RCC do Brasil parece uma descrição, no mínimo, desrespeitosa para mim que sou dehoniano, desenvolvo uma pregação e minhas canções na linha das encíclicas sociais dos papas deste século. É também desrespeitoso para a RCC, que não me vê como alguém engajado em sua maneira de ser carismático. Sou sacerdote e ajudo os carismáticos, e ouço quando posso, mas não rimo midiático com carismático, nem rimo carismático com RCC. Há outras rimas para a palavra "carismático" na Igreja. Os franciscanos, por exemplo, já rimam seu carisma com a Igreja há cerca de 800 anos.

83

OS PERIGOS DA MESMICE

PZ

Mesmos comandos, mesmos gestos, mesma roupa, mesma fala, mesmas canções, mesma pregação todos os dias... Se você se der ao trabalho de gravar e prestar atenção, há alguns programas que não mudam.

Você fecha os olhos e imagina: o pregador virá vestido como ontem, dirá as mesmas coisas de ontem, fará os mesmos gestos e cantará as canções de sempre. A animadora mudará a roupa, mas dirá as mesmas coisas que diz todos os dias, fará as mesmas orações e dará os mesmos conselhos. O que foi gravado ontem pode ser repetido hoje. O cantor cantará as mesmas quinze canções e dirá as mesmas coisas que sempre diz... Correto? Não há riscos nesta mesmice?

Valeria um debate. Você continuaria frequentando um restaurante que lhe oferece todos os dias sempre os mesmos cinco pratos? E se um novo restaurante ao lado oferecesse, pelo mesmo preço e com sabores renovados, uns trinta pratos, você permaneceria no restaurante que não muda? Pela resposta você saberá se privilegia o novo com criatividade ou o de sempre sem nenhuma criatividade.

Aplique o mesmo às pregações, às preces e às canções. Pergunte sobre seu catolicismo. Há espaço para mudanças e aprendizado em sua vida? E conseguiria mudar sem perder de vista o essencial? É bem isso o que dizem o documento 85 da CNBB, *Evangelização da Juventude, desafios e perspectivas pastorais,* e o documento *Diretório Geral para a Catequese* de 1997. Propõe o de sempre com criatividade. Faça tudo para não ser repetitivo nem novidadeiro demais. Não se atole no passado nem mergulhe de qualquer jeito no que é novo. Só saberá fazê-lo se ler muito. Pilotos também precisam aprender um jeito novo de voar, a cada novo avião, a cada novo instrumento, a cada novidade na aviação. O jeito de sempre melhora com o jeito novo. Faça isso com suas pregações.

84
LOUVADORES RADICAIS

PZ

O país precisa de louvadores, mas que sejam louvadores criativos! Torno a dizer que, com raras e honrosas exceções, os cantores e animadores de palco se repetem demais. Gravei 40 shows que vi na televisão e sinto ter de dizer que as canções, os temas, as palavras de ordem não mudaram. O script é o mesmo em 95% dos casos. Poucos têm linguagem nova que revele estudo e pesquisa. Até os instrumentos se copiam, sobretudo o saxofone e as baterias. Os que muita gente chama de "cantores do mundo" estão renovando-se mais depressa do que nós. Foi o que eu disse a vários grupos de jovens que me procuraram para um diagnóstico, já que, mesmo se oferecendo para cantar de graça, não são mais chamados.

Não é só porque o povo está pobre. Talvez seja porque nossa mensagem esteja repetitiva. Eles já viram esse show com outros grupos e sabem que não vai ser diferente. Não adianta mudar as luzes, se o som e as palavras de ordem não mudam. É uma pena, mas, com raras exceções, o povo está indo menos aos shows religiosos. Isso inclui também os evangélicos. Quem quiser discordar, discorde! Mas é o que se vê.

Precisamos achar um novo jeito de cantar e pregar. Repetição pode elevar ou pode virar mesmice. Grave as pregações e os shows das mais diversas igrejas e veja se exagerei. Que o povo chame os cantores, mas que cobre de nós uma pregação mais abrangente. A Igreja não é apenas louvor, nem apenas testemunho, nem somente doutrina social. Há outros conteúdos do cotidiano que não chegam ao povo, porque muitos cantores insistem em cantar vinte vezes, com nomes diferentes, um único tema. Veja os 50 CDs que você tem em sua estante e percorra os títulos das canções. São praticamente os mesmos. Que tal louvar a Deus pelo bebê que acaba de nascer, pela água nas torneiras, pelo vovô com sua sabedoria, pelo terço da vovó, pela família ao redor do fogão e pelo vizinho que conseguiu trabalho? Ou isso não é religião?

Que tal cantar a Bíblia, as encíclicas e o catecismo católico? Tenho a impressão de que o povo está querendo mais do que estamos dando!... Não seria o caso de os compositores e cantores lerem um pouco mais sobre esses temas? Nós gostamos de cantar a fé, mas será que eles gostam de nos ouvir? Se não nos chamam, quem tem de se questionar somos nós e não eles. E quem vem a nossos shows? Quantas pessoas vinham a seu show há três anos? Quantas vêm agora? Já se perguntaram por quê? Eu já! E acho que os cantores andam renovando-se menos que os pregadores. As mudanças desses são significativas. A dos cantores, nem tanto!

85

CRISTIANISMO SOLIDÁRIO

PZ

Perto de mim há pessoas com fome
e eu raramente as ajudo.
Passo perto e faço de conta que não é comigo.
Perto de mim há pessoas tristes e deprimidas
e eu não sei o que fazer por elas.
Não sei resolver esse tipo de problema.
Perto de mim há irmãos desempregados
e eu não falo nada, nem canto sobre isso,
porque não me meto em assuntos de política.
Que os políticos cuidem disso!
Perto de mim há idosos esquecidos e abandonados.
Como não são meus parentes, não é comigo!
Não prego e não canto sobre isso.
Além disso, alguém já está fazendo alguma coisa por eles.
Não vou me meter onde não fui chamado!
Perto de mim há crianças largadas na rua.
Às vezes eu dou uma ajudinha, mas fico quieto,
porque isso é problema do juiz e do prefeito.
Uma canção minha poderia ajudar, mas nunca pensei nisso!
Eu até ajudaria, mas não sei como tirá-las de lá.
Além disso, alguém já fez uma...
Se o padre da minha paróquia não fala disso,
eu é que não vou falar.
Perto de mim há irmãos que não te conhecem

e eu não te anuncio porque, na verdade, não sei te anunciar.
Eu também não sei se te conheço.
Não leio muito a Bíblia, ainda não li o Novo Catecismo da Igreja.
Nunca li nenhuma das 14 encíclicas do Papa João Paulo II.
Nunca li as de Paulo VI nem as de João XXIII.
E ainda não li as de Bento XVI.
Nem li o Vaticano II, nem Puebla, nem Santo Domingo.
Quase não leio livros de doutrina e de catequese católica!
Nunca li um livro mais profundo sobre Ti.
Eu os acho meio difíceis. Prefiro livros mais finos e mais leves,
de vivência e de testemunhos pessoais.
Perto de mim há irmãos que não te amam.
E eu também não sei se te amo.
Tenho enorme dificuldade de aceitar irmãos
que me questionam ou que não pensam como eu penso!
Não engulo esses irmãos que discordam
de meu pregador preferido!
Perto de mim há irmãos que sequestram, roubam e matam.
E eu tenho tanto medo e sinto tanta repulsa por eles
que nem mesmo pela sua conversão eu oro.
Fico horrorizado e falo contra a falta de segurança
no bairro e no país,
mas nem na prece dos fiéis eu me lembro de pedir a Deus
que os converta.
Perto de mim há famílias com medo
e eu também tenho medo,
mas não fazemos nada para superarmos esse medo.

Temos medo de fazer política cristã que mude o nosso povo.

Deixamos a política para outros grupos e outras igrejas.

Nem votar nos candidatos católicos militantes, nós votamos.

Limitamo-nos a orar para que tu nos socorras.

Perto de mim há jovens que se drogam

e eu sei quem são, mas não sei o que fazer por eles.

O pior é que, quando irmãos nossos que cuidam deles pedem ajuda,

eu não ajudo. Tenho medo desses meninos drogados.

Perto de mim há pecadores e pecadoras falando abertamente

do seu pecado no rádio, em revistas e na televisão,

e eu fico quieto, ou, às vezes, critico duramente

o seu com-portamento.

Mas na maioria das vezes não oro pela conversão deles e delas.

Longe e perto de mim há milhões de pessoas sofrendo

e precisando conhecer-te,

e eu não te anuncio, nem ajudo quem te anuncia.

Gasto mais tempo orando por mim do que pelos outros.

Gasto mais dinheiro comigo do que com a mensagem

da salvação.

Ainda não descobri a oração e a canção solidárias,

a compaixão e a misericórdia.

A verdade é que ainda não descobri o Grande Outro que és Tu,

nem o outro que me rodeia e com quem

eu me encontro o tempo todo.

Acho que aprendi a crer do jeito errado.

Ainda penso mais em me salvar do que salvar os outros.

Ainda gasto mais tempo falando a Ti dos meus problemas

e das minhas necessidades pessoais
do que dos problemas do mundo.
Há bilhões de seres humanos que sofrem mais do que eu,
mas gasto mais tempo falando de mim
e das minhas necessidades.
Ainda não entendi a história do copo de água dado em teu nome.
Tem eu demais na minha fé, Senhor!
Põe na minha vida e nas minhas canções
um pouco mais de Tu, ele, ela, nós, Vós e eles!
Quem sabe, conjugando meus verbos
na segunda e terceira pessoa do singular e do plural,
eu descubra a felicidade e o sorriso que ando procurando.
Onde há eu demais, há Deus de menos!
Ensina-me a crer desse jeito, Senhor,
porque é isso que está nos livros oficiais da Igreja
onde fui batizado!

86
CANTORES DO SOCIAL

Nós, padres e leigos cantores, porque são mais os profetas cantores leigos do que os consagrados, também usamos a música para ajudar as pessoas, porque do dinheiro que os presentes pagam ouvindo essas canções podemos ajudar uma obra social, uma comunidade, um asilo, um orfanato, uma creche, uma paróquia, uma casa de aidéticos, de mães solteiras, implantar uma torre de televisão...

Enfim, nossa canção tornou-se também social e política. Um ou outro guarda 95% para si mesmo e enriquece com a canção religiosa, mas será exceção, e sobre ele ou ela cairá o texto de Marcos 12,40.

Mas há os que escolheram a canção religiosa como instrumento de abertura para o social. Sofrem muito por isso, porque há uma enorme resistência de algumas comunidades contra o religioso que canta canções de cunho político. Condenam sua canção como se ela não tivesse espiritualidade... Acham que só a canção litúrgica ou a de louvor têm espiritualidade. Então João Batista também não tinha, porque teve a coragem de falar contra o rei e contra os corruptos de seu tempo. Se fosse cantor, João Batista seria tachado de cantor não religioso... Sem os que optaram pela canção libertadora de cunho político, a Igreja seria muito pobre. Já imaginaram uma Bíblia sem os livros de Jeremias, Isaías e Amós?

87
CANÇÃO QUE NASCE DA EUCARISTIA

PZ

Acho que não sou a pessoa mais indicada para falar das celebrações de missa. Mas se pedem que eu fale, falo! Não me especializei em liturgia e respeito muito os liturgistas. São gente séria que estudou História da Igreja, Teologia, outras matérias, e conhece o jeito de ser do povo. Acho que eles devem ser ouvidos. Um grande número de celebrantes não dá importância a eles. Mas eles vivem um ministério importantíssimo na Igreja: cuidar do culto e da vida espiritual que vem com o culto. Eu só posso falar como comunicador que há trinta anos estuda a comunicação da Igreja com o povo.

Não acho que minhas missas sejam tão diferentes ou tão espetaculares que mereçam um comentário. Mas se servem para alguma coisa, falemos do assunto. Em primeiro lugar, acho que o padre não tem o direito de inventar, como também não tem o de celebrar automaticamente como se fosse um CD ou um DVD player. A missa não é dele nem do povo daquela paróquia. É de toda a Igreja. Tem de haver unidade. Se abrirmos mão disso, teremos tantas missas quantas as paróquias e os padres, ou teríamos missas sem vida. A missa perderia seu papel de promover a unidade na diversidade do corpo de Cristo. Tem de haver fórmulas e conteúdos dos quais ninguém pode fugir. O essencial deve permanecer.

Se o padre não for criativo, passará a funcionar como um toca--discos ou como um repetidor de fórmulas. Se for, será fiel às fórmulas, fiel ao conteúdo, e, nos muitos espaços que o livro permite, vai criar, e muito! A missa foi pensada como prece e catequese, por isso há fórmulas que devem servir a todos os povos e tem um conteúdo básico para o mundo inteiro. Mas é muito flexível. Deixa muito espaço para o comentário ou a criatividade do padre. Há pelo menos 14 momentos da missa, para que padres, leitores, comentaristas, cantores e grupos se manifestem. Penso que os celebrantes que aparecem demais durante a celebração lembram os árbitros que no jogo aparecem mais que os jogadores. Apitam e gesticulam demais. Se o padre e o povo forem, juntos, os orantes, e se os concelebrantes forem, de fato, concelebrantes, se o coro cantar dentro do contesto daquela liturgia, se músicos e cantores não abafarem o povo, se ninguém der uma de *prima donna* de ópera, a celebração seguirá suave e serena. A Eucaristia supõe isso. O centro dela é Jesus!

A verdadeira canção litúrgica nasce da eucaristia. Às vezes, é tão mal vivida e executada que quase mata a celebração. Aos cantores e músicos, cabe a serenidade de apontar para o Cristo naquele altar. Quem aponta demais para si, rouba a cena e fere a celebração.

88

COMPOR PARA A LITURGIA

PZ

Disseram-me certa vez que eu não era um compositor litúrgico. Eu nunca soube que existia essa categoria na Igreja. Sempre pensei que os compositores não são a música que compõem. Assim, quando me foi dada a vez de falar, eu disse que compunha canções para a catequese, às vezes, para a liturgia, às vezes, para as mais diversas pastorais. Era, portanto, um cristão, um católico, um sacerdote que às vezes compunha canções, mas eu não era nem a vela, nem o cálice, nem a Bíblia que segurava e também não era a canção que cantava. Sim, era verdade. Eu não era um compositor católico litúrgico. Mas tinha muitas canções que poderiam ser consideradas litúrgicas. O recado estava dado. Eu estava, sim, na reunião certa.

Fiz muitas canções, mas meu acervo não dá 10% de músicas litúrgicas. Componho para cantar no rádio, nos palcos, na rua e nas reuniões e encontros. Minha canção é mais para pensar a catequese que para celebrar a liturgia. Mas, das mais de duas mil, tenho umas 300 canções litúrgicas. Acho maior responsabilidade fazer uma canção para cantar na missa que num palco. Músicas, para serem cantadas na missa, não podem ter letra nem melodia medíocre... Eucaristia é coisa bem mais séria que um show de palco.

Eu não disse desse jeito, mas chamei a atenção para o fato de que com cerca de 300 a 400 CDs por ano e mais de cinco mil novas músicas aparecendo na Igreja a cada ano, forçosamente aparecerão compositores com pouco conhecimento de catequese, teologia ou música. Como qualquer um pode imprimir um CD sem nenhum controle das dioceses, o que acontece é haver um enorme derrame de músicas feitas por amadores que não estudaram música e liturgia, nem aprenderam com gente que sabe.

Deu vontade de gravar um disco e gravaram. Ninguém corrigiu os textos nem as melodias. Pode-se imaginar o que se escuta por aí: verdadeiras heresias, repetição dos mesmos temas e das mesmas palavras, e até das mesmas linhas melódicas... Sem dúvida, com isso de qualquer um poder gravar, a música católica e a evangélica perderam muito. É mais democrático e é até bonito, mas fica feio a partir do momento em que o autor ou o cantor não aceitam ser orientados por quem sabe teologia e música. Acho que de 1965 até 1985, os compositores eram muito mais cuidadosos com as letras e as melodias. Era gente que sabia catequese e sabia liturgia e música. Cônego Amaro Cavalcanti, Pe. Irala, Pe. José Weber, Frei Joel Postma, Irmã Miriam, Sílvio Milanez, Dom Carlos Navarro, Dom Joel Catapan, Valdeci Farias e outros. Incluo-me entre eles, porque estudei o que compunha. Não digo que fomos melhores. Digo que tínhamos o conhecimento.

Agora há excelentes compositores, mas estão meio ofuscados por outros cantores que não primam nem pela teologia, nem pela catequese, nem pela melodia. Há uma reação vindo forte na RCC e em grupos dos quais eu faço parte. Queremos mais conteúdo nas canções e queremos mais doutrina e catequese. Festa sim, mas com conteúdo forte. As letras precisam fazer pensar. Tenho em mãos mais de cem CDs compostos nos últimos cinco anos aqui no Brasil. Imagino que haja mais de 7.000 obras novas circulando por aí. A maioria não passou pelos olhos de nenhum professor de português, teólogo, catequista ou especialista em liturgia. Às vezes, pregam heresias enormes. Mas estamos enfrentando o problema com coragem. Alguém tem de falar... Os liturgistas e os teólogos precisam ser ouvidos. Sabem mais que os compositores... Nem eles devem cercear-nos, nem nós devemos ignorá-los. É como penso e é o que digo.

89
ENTRE O SOM E O CONTEÚDO

PZ

Acho perigoso generalizar, até porque não conheço todas as igrejas do Brasil. Mas posso dar um testemunho de que vi igrejas, e o número delas aumenta a cada dia mais, e nessas igrejas os padres fazem questão de ter um bom som. Gastam o que for preciso, mas querem um som que ajude a liturgia. Também tenho encontrado bons cantores e bons músicos com boa formação litúrgica. Comparado a 15 anos atrás, demos um passo gigantesco. Ainda não é bom, como já o disse muitas vezes, mas progredimos muito. Os párocos estão muito mais preocupados com a liturgia e com a comunicação. Eu era muito crítico das paróquias no passado por causa da liturgia malpreparada, mas hoje vejo que a diferença é da água para o vinho. Melhorou 80%. Contudo, existem os dez exageros que precisam ser corrigidos em todas as paróquias.

Sem pretensão de ser didático ou científico, vejamos o resultado:

1. Violão e teclado maltocados durante a consagração, que é um tempo de silêncio. A música mais atrapalha que ajuda aquele momento.

2. Instrumentos altos demais e malequalizados, com excesso de bateria, guitarras estridentes demais, saxofone em geral forte demais. Isso faz o coro gritar e a música perde sua unção.

3. Solistas que aparecem demais. Ainda há os que não sabem dosar a voz e sobressaem de maneira chocante.

4. Instrumentistas desafinados ou sem ritmo, cantor desafinado, e mesmo assim o pároco os deixa liderar a missa para não ferir os sentimentos deles ou por não achar um outro. Sacrifica a liturgia e os ouvidos do povo para que um cantor não fique triste. Em outras palavras, caridade para com ele e falta de caridade para com o povo.

5. Músicas inadequadas para o momento litúrgico, imposição de uma linha musical, seja ela de Libertação ou de Renovação Carismática numa paróquia que tem todas as expressões de fé. Acaba numa ditadura daqueles músicos e cantores que só cantam as canções que lhes agradem. Isto empobrece a liturgia, que é para todos, e não só para aquela expressão de Igreja. Os grupos carismáticos não devem tocar só músicas de carismáticos, os de libertação não devem cantar só música de libertação. O ecumenismo poderia começar dentro de nossa própria igreja.

6. A seleção de músicas nem sempre respeita o tema da missa do domingo. Ainda se canta a canção só porque ela é bonita, ou porque o grupo de cantores gosta dela. Ouso dizer que acontece em mais de 70% das paróquias que conheço.

7. Canta-se demais nas missas. O desequilíbrio é flagrante. A impressão que fica é que foram lá apenas para cantar. Há paróquias onde se canta de 18 a 20 músicas. Dando três a quatro minutos para cada música, serão cerca de 60 a 80 minutos de canção, uma hora e vinte minutos dedicados à música. Considerando-se que o padre gosta de pregar cerca de 15 a 20 minutos, mais os outros momentos, teremos uma missa de duas horas. Nem todos os fiéis

estão preparados para esse tipo de celebração. O tempo ideal de duração de uma missa é de uma hora. Crianças e idosos encontram dificuldades. Temos de pensar neles. Comunidades especiais aceitam isso numa boa. Paróquias, nem sempre.

8. A canção não deve ser mais importante que a palavra falada e orada. Em algumas paróquias canta-se demais. Estão confundindo missa com espetáculo e canção. E não é a mesma coisa.

9. Danças, saltos, gestos, palmas, alegria não são imprescindíveis. Chocolate também é bom, mas quando é demais, enjoa. O excesso de festa numa celebração, às vezes, prejudica seu conteúdo que não é de festa. Há paróquias onde sistematicamente tudo são palmas, dança e festa, e chamam a isso de missa de jovens. Mas jovem também pensa e chora, e faz silêncio. Tem de haver bom senso. Fica estranho pular e bater palmas numa Missa de Finados, por mais que se queira explicar, não era hora de dançar e pular.

10. A escolha de leitores nem sempre é muito positiva. Há leitores que leem muito mal. Fica evidente que ou ficam nervosos e não se prepararam, ou ainda realmente não conseguem fluência. Até alguém pouco alfabetizado que se preparou consegue dar seu recado. O que acontece é que, muitas vezes, o leitor é mal escolhido. É como chamar alguém de pé quebrado para bater o pênalti, ou um solista desafinado para cantar uma ária. Não é possível que numa paróquia de 20.000 habitantes não se ache pelo menos trinta bons leitores. É decisão séria chamar uma pessoa que não sabe ler direito para ofício de leitor.

11. Noto também que muitos padres não preparam seus sermões. O povo reclama muito disso. Recebemos muitos e-mails em nosso Programa *Palavras Que Não Passam*. Percebe-se que se repetem muito. Fica claro que o padre em questão não escreveu, nem anotou o que vai falar. Muitos padres não são catequistas. Não ensinam doutrinas. Não se valem do sermão para dar uma aula de dogma moral ou sociologia. Tenho encontrado muitos padres despreparados para a pregação. Falha do seminário, falha deles. Passam o tempo todo dizendo palavras agradáveis. Do padre, espera-se que pregue homilias.

90
TEIMOSAMENTE EM FAVOR DOS POBRES

PZ

Há quem faça de sua canção uma proposta de mudar alguma coisa em favor do pobre e do sofredor. É a canção que põe o dedo na ferida. Ela provoca e corta. Tais cantores entram em cheio nos temas sociais e nas dores do povo. O ouvinte fica meio sem graça diante de algumas letras. São para provocar. Sente-se questionado não só sobre sua relação com Deus, mas sobre o que faz pelos que sofrem mais do que ele.

Acha estranho que lhe cantem sobre meninos de rua, prisioneiros, mulheres africanas, crianças assassinadas numa escola na Rússia. O que aquilo tem a ver com ele? Outros omitem o social, mas querem converter e amansar corações. Cristãos convertidos, segundo eles, acabam cuidando dos pobres, por isso eles cantam para converter o indivíduo. Sua canção é definitivamente espiritual e intimista. Mas é canção séria. Ensina a falar com Deus e a pensar em Deus. De uma forma ou de outra, quem canta o espiritual ou o sociopolítico pagará o preço de querer mudar as pessoas ou a comunidade. Uma para vencer o inimigo que nos afasta de Deus e outra para acabar com o inimigo chamado indiferença que nos leva à omissão. São dois tipos de demônios.

Finalmente, há quem apenas passe pomada de leve, sem nunca pôr o dedo na ferida. É a canção "tra-la-lá". Um som que diverte, distrai e faz o povo dançar e balançar as mãos, enquanto repete vinte vezes a mesma palavra. Existe para animar e divertir. Não tem outra finalidade senão a festa. Não estão erradas. Algumas canções de alegria, num show, fazem um bem enorme. É o momento da descontração. Pular de alegria e cantar para fazer as pessoas felizes é um gesto cristão, meio infantil e meio adolescente. E por que não? O erro seria ficar mais tempo nisso do que no essencial da fé que certamente é mais que pular e bater palmas.

Também é cristão levar ao choro, à emoção, à dança, ao enlevo, à oração. Depende da dose. Oração demais, política demais, "tra-la-lá" demais acabam na mesmice. Mesmice traz distração. Distração prejudica a pregação. Canções leves e suaves são mais aceitas. As mais exigentes incomodam. Quem envereda pela canção social paga seu preço. Eu paguei. Perdi muito espaço em emissoras de rádio e de televisão e nos templos. Ainda hoje canções minhas de cunho social são banidas de algumas emissoras católicas. Estou cantando a doutrina social dos papas, mas alguns jovens diretores de programas e de emissoras não veem espiritualidade nelas. Deve ser porque sua noção de espiritualidade não inclui a justiça e os direitos humanos... Sou irônico a esse respeito. Descobri que muitos jovens que programam as canções pensam exatamente dessa forma. Não consideram canções que pregam direitos humanos um tema católico espiritual. Faltou ascese naquela catequese!...

91
CANTAR O AMOR ROMÂNTICO

PZ

Esperançoso de que outros me seguissem, a pedido da editora, publiquei anos atrás um CD romântico para músicas de casamento. Ainda hoje se ouve cantar aquelas canções em missas de casais e celebrações de matrimônio. Imagino que meu leitor as tenha ouvido. Comigo, Antônio Cardoso e creio que não mais de três outros compositores cantaram o amor romântico-religioso, às vezes litúrgico, às vezes não, mas sempre sagrado.

Percebo que faltam canções de matrimônio nos templos. Isso inclui a Igreja católica, as evangélicas e as pentecostais. Os autores cantam 99% das vezes o amor de Deus e o amor a Deus e ao próximo, mas quase ninguém canta o amor conjugal nos templos, mesmo sabendo que São Paulo o chama de mistério grande em Cristo e na Igreja (Ef 5,32).

Por que não se compõe e não se canta esse amor que é sagrado e até mereceu um livro inteiro na Bíblia com o sugestivo nome de *O Cantar dos Cantares?* São hinos de amor entre um homem e uma mulher. A Igreja considera aquele livro sagrado! Nada mais justo que judeus, cristãos e ortodoxos cantassem esse amor em seus templos. O mundo tem belíssimas e comoventes canções de amor, mas os compositores religiosos parecem ter sido formados na escola do amor celibatário que só tem olhos para Deus.

Influenciados por padres, monges, freiras e outros cristãos não casados, com quem está a liderança das paróquias, escolas e movimentos, os cantores e autores, mesmo os bem-casados, preferem cantar apenas o amor a Deus e o amor de Deus. Uma das canções que se ouve por todos os templos tem até a audácia de dizer a Deus: *quero amar somente a Ti*. João ensinou o oposto... (1Jo 4,20). Não devemos ter olhos somente para Deus. Seria o fim da família! Como cristãos somos chamados a prezar o amor fraterno e o amor conjugal. Mas não se canta esse amor nos templos, embora nossas liturgias o aceitem e até recomendem. Basta que as letras sejam, também elas, litúrgicas.

Tenho pedido aos compositores que admiram *Oração pela Família, Utopia* e algumas canções litúrgicas ou não litúrgicas que escrevi para os casais que leiam os documentos da Igreja e estudem a teologia do matrimônio. Acabarão compondo canções até melhores que as minhas. Será que serei ouvido? Ou ouvirei, de novo, o argumento de que nos templos não se canta nada profano? E quem disse que o amor conjugal não é sagrado?

92
O CARTEIRO ARREDIO

PZ

Esta é a curtíssima história de um carteiro que passava pelas casas e não conversava com ninguém, apenas entregava a correspondência. Entendia que sua missão era entregar e não dar o recado. Assim, ele chegava, entregava a correspondência e ia embora. Passava o recado, mas não o comunicava, porque não tinha nada a ver com o que estava dentro daqueles envelopes e caixas. Não vivia o que entregava!

Essa é a história, também curtíssima, de um pregador que também não achava que tinha de conversar com os fiéis ou misturar-se a eles. Desculpava-se, dizendo que era tímido. Chegava e dava o recado, mas não se comunicava. Tinha excelente pregação falada, mas a pregação vivida não fazia parte de sua vida. Pregava, dava comunhão e retirava-se para seus aposentos.

Seu bispo exigiu que ele se misturasse mais com o povo e se tornasse mais disponível. Dizem que ele mudou. Agora, ele vai, dá o recado e fala com alguns, mas deixa claro que não aceita ter de atender a mais de cinco pessoas!

93
HISTÓRIAS QUE EU CONTO E CANTO

PZ

Meu terceiro álbum tinha esse nome. Foi nos idos de 1970. Trazia algumas canções que tornaram conhecidas no mundo inteiro. *Distração, Hoje é Domingo, Jesus Cristo me deixou inquieto, Amar como Jesus amou, Maria de Nazaré, Por causa de um Certo Reino...*

Na capa eu, sugestivamente sentado sobre uma ponte, observava o passar das águas. Estava convicto e convicto continuo sobre a canção e a pregação católica: devem contar histórias.

Imenso número de donas de casa, crianças e jovens vivem de ouvir histórias. De manhã à noite, pelo rádio e pela televisão, ouvem as notícias do dia, o relato de mais alguma tragédia, as fofocas envolvendo a vida de artistas, duas a três novelas por dia, e quando se reúnem contam histórias entre si. O mundo não vive sem histórias. Jesus era um excelente contador de histórias. A Bíblia tem milhares de histórias. Por isso privilegio canções ou artigos que começam ou terminam com alguma história. Se não as contam, relembram. Incidentemente, minhas canções mais conhecidas e cantadas são histórias ou apontam para elas: *Um Certo Galileu, Maria de Nazaré, Utopia, Oração pela Família, Mãe do Céu Morena, Amar como Jesus amou, O Filho do Carpinteiro, Shekinah, Estou pensando em Deus* e duzentas outras.

Talvez tenhamos perdido muitos membros porque em muitas comunidades paramos de incentivar a leitura da Bíblia. O povo ficou sem histórias da salvação. Histórias de testemunhos pessoais não são suficientes. Sou de opinião que, quando pregadores e cantores voltarem a contar histórias da Bíblia, da Igreja, dos santos, mais que nossas histórias pessoais, muitos irmãos serão mais bem evangelizados, porque se lembrarão da Palavra de Deus como foi vivida naqueles dias e como a Igreja propõe que se viva nos dias de hoje. É a razão porque insisto tanto que voltemos a contar histórias, mas histórias baseadas na Bíblia, na vida dos santos, na vida de nosso povo, nos documentos de nossa Igreja.

Procuram-se cantores que, mais do que discurso imperativo, cantem e contem de maneira simples e convincente histórias catequéticas. Podem até falar de seus pais, mas falem o mínimo possível de si mesmos. Talvez seja esse o caminho da canção católica. Se o povo não desgruda da televisão e do rádio, que são persistentes contadores de histórias, por que não contar a eles e de maneira interessante mil e uma histórias que salvam?

94
FRASES DO AUTOR
PZ

Recolhidas de entrevistas e shows de Pe. Zezinho, scj.

— Sou um acidente que deu certo. Eu queria ser padre de paróquia e Deus me disse que me queria padre cantor, escritor, compositor, radialista, artista, produtor de discos, filmes, vídeos e mais, e mais, e mais. Nunca planejei nem em sonhos essa missão que tenho. Eu queria uma paróquia de uns 10.000 habitantes e Ele me fez viajar por 40 países e cantar para uns 200 milhões de pessoas através do rádio e da televisão. Eu queria nadar num rio pequeno e Deus me deu algumas canções e me jogou num oceano de gente. Continuo, como Jeremias, dizendo que não sei nem falar, nem cantar, nem nadar... Orem por mim. Quero que um dia, olhando meu histórico, as pessoas possam dizer: Buscou a multidão, mas fugiu da massificação.

— Não sou padre porque canto; canto porque sou padre.

— Cantar é apenas um dos serviços do padre, quando o povo sabe que ele canta bem ou gosta de vê-lo cantar.

— Tenho sido na Igreja como o bardo e o trovador da corte, que junto com o bobo da corte punham um pouco de graça no castelo e na cidade cheia de medo e de problemas. Quando me querem fazer de bobo, eu digo: Procurem outro. Eu sou o cantor e não o bobo do reino. Minha canção tem um porquê, um quando, uma para quem e um de quem. No começo eu não sabia o que era cantar para Deus e para o povo de Deus. Agora eu sei e ninguém me fará cantar o que não quero, quando e onde não quero. Nem grupo algum me dirá como devo cantar e com que palavras. Nisso eu sou livre e sou teimoso. Foi por isso que nunca assinei com nenhuma grande gravadora, apesar dos muitos convites. Meu mugido pode não ir tão longe, mas pelo menos estarei mugindo do meu jeito e como eu gosto!

– Se tivesse que escolher entre cantar e ser padre, pararia de cantar no minuto seguinte.

– Não pedi nem peço, nem me ofereço para cantar; canto porque o povo de Deus pede.

– Às vezes me perguntam se celebro missa. Mas é claro! Só que não misturo as coisas. Missa é missa e show é show. Não aceito celebrar e a seguir dar um show no mesmo local. Faço questão de distinguir entre liturgia e show.

– Num show não prego nem canto de túnica ou de estola. Parei de fazer isso quando um bispo me pediu que não misturasse as coisas. Os bispos estão certos.

– Na missa sou o presidente da assembleia: que os outros liderem o canto. Eu apenas acompanho. No show, sou artista e maestro de um espetáculo de fé e de músicas sacras que considero um evento cultural da mais alta importância.

– A catequese católica não está na canção. É a canção que está na catequese católica.

– A música não faz a missa, mas a missa deveria fazer a música.

– Religioso que visivelmente procura dinheiro, ganha aura, mas perde a profecia.

– A canção litúrgica existe para elevar as almas e não o volume dos instrumentos.

– Levo a música religiosa a sério. Se meus amigos não perceberam isso até agora, não perceberão nunca! Exijo para os cantores da religião o mesmo respeito que os organizadores e empresários demonstram pelos cantores de outras músicas. Quero o mesmo palco, o mesmo som e as mesmas luzes que os outros usam. Quero até mais, porque para Deus a gente faz e dá o melhor. Em compensação nós temos de mostrar ainda mais respeito pelo povo. Faço tudo para não atrasar.

– Quando qualquer um pode compor, cantar e divulgar-se, ouve-se também qualquer tipo de canção. Vai depender mais do disc jockey que do bispo e do pároco.

– Quando Jesus mandou pregar (Mt 10,27) de cima do telhado, não estava falando de marketing, e sim de anúncio. O "telhado" de Jesus daquele tempo não é a mesma coisa que as antenas de TV de hoje.

– Quando vou ao show de algum grande cantor, digo a mim mesmo: quero aquilo no meu palco quando eu for cantar minhas canções religiosas.

– No palco nunca aceito apenas cantar. Uma vez um empresário tentou me forçar a apenas cantar, jogando o playback de uma canção em cima da outra, para me impedir de falar. Eu simplesmente parei e disse que queria falar. Se não pudesse não cantaria.

– O bispo que me ordenou pôs uma Bíblia em minhas mãos e não um microfone, nem um violão. Sou pregador por escolha e ordenação. Sou músico e cantor por acidente. Se não puder falar eu não canto.

– Não sou nenhuma novidade na Igreja. Antes de mim já houve um diácono famoso, Santo Efrém, cuja festa é 8 de junho, data de meu nascimento, e que pelo século III andava pelas comunidades ensinando a cantar com um grupo de jovens. Ele escrevia livros de catequese e canções que facilitassem ao povo o aprendizado da fé. Eu o imito fazendo a mesma coisa. Sou capaz de apostar que ele até dançava. E o que é mais importante: a Igreja o canonizou, deixando claro que o que ele fez pela canção e pela catequese é santo. Quer motivação mais bonita que essa?

– Fazer 2.000 canções em 50 anos não é difícil. O difícil é não cair no óbvio. Se meus amigos que entendem dizem que sou criativo e raramente me repito, então fiz uma coisa difícil. Mas aí entra a fé: Eu acho que foi Deus quem me soprou 2.000 vezes e sempre de um jeito diferente. Eu só registrei o sopro dele, é claro, passando noites sem dormir e trabalhando duro! Fazer música não é brincadeira. Todos os músicos e cantores que conheço trabalham muito e dormem pouco. Não é boemia: é a busca da perfeição.

– É na hora de pagar as contas que se vê o tamanho de uma profecia. O pregador que fala e canta, às vezes, nem presta contas do que diz. Não nos enganemos. Profeta menor vai lá e dança, canta, emociona os outros e fala. Profeta maior vai lá e cria espaço para a Palavra de Deus chegar ao povo. Dói mais nos possibilitadores do que nos pregadores da Palavra.

– Há muitos parentes e amigos meus, inclusive em minha própria congregação, que não têm ideia do que faço. Nunca viram um show meu ao vivo. Se vissem o cansaço que acarreta e o trabalho que dá, entenderiam melhor o que é ser cantor religioso nos dias de hoje. Mas não reclamo. Eu também nem sempre entendo o trabalho dos outros. Não quero ser aplaudido, só quero que não pensem que me acho melhor do que eles. Não sou. Ser pároco também é muito difícil. Exige até mais atenção.

– A mídia, que é largamente visual, costuma aumentar a imagem e diminuir o conteúdo. Estão fazendo isso com a Igreja!

– A doutrina e a vivência são o bolo. A canção é apenas o chantili da catequese. Pode-se saborear um bolo sem chantili. Com ele, porém, pode ficar melhor, a menos que o chantili esteja deteriorado. Diga-se o mesmo da canção católica! A letra, o modo de cantar e tocar podem determinar se ela é um bom ou um mau chantili.

– Meu trabalho é uma tentativa de facilitar a vida dos padres, das irmãs e dos casais, nos colégios, paróquias e hospitais, oferecendo subsídios e canções para seus encontros. Sem a aprovação deles eu estaria ainda cantando na hora do recreio. Meu trabalho deu certo porque os párocos e as irmãs, os jovens e os casais de movimentos de igreja acreditaram em mim.

– Eu não mudei nada na Igreja. Não sou um profeta do tamanho dos bispos e cardeais, e freis e padres que mudaram a Igreja do Brasil dos anos 60 até hoje. Mas sempre os respeitei e acho que eles me respeitam por eu ser quem sou e saber o meu lugar na Igreja.

– Esses dias fui ao Santuário de Aparecida e me escondi horas a fio num cantinho lá em cima, enquanto olhava o povo, lá embaixo, orando. Percebi a dimensão de meu sacerdócio. Pequeno demais diante da grandiosidade do templo e da grandiosidade do povo que por ali passava. Ninguém me notou, mas eu notei o meu povo.

– Num desses dias 10 e 11 de outubro viajei de carro pela Via Dutra, de São Paulo a Taubaté e de Taubaté a Aparecida. Vi o povo que caminhava a pé à margem da rodovia. Vi a multidão que procurava Aparecida, cumprindo promessa ou pedindo graças. No entroncamento de Taubaté vi quem vinha de Minas, da praia e de São Paulo. Era multidão. Compreendi um pouco mais o que é querer Maria. Quem está perto de Maria nunca está longe de Jesus. A casa foi erguida em homenagem à mãe, mas pertence ao Filho. Buscam a mãe e voltam como Filhos dela. São essas coisas que eu canto.

– Não sou importante. Mas serei cada dia mais importante, à medida que me importar com a dor dos outros.

– Sou apenas um sacerdote cantor religioso chamado a jogar um pouco de poesia e arte no caminhar do povo e a incentivar os outros cantores a fazer o mesmo.

95
FALTOU-LHES CONTEÚDO

PZ

Você já deve ter lido ou visto na mídia. Aconteceu com eles e pode acontecer com você e seus filhos, como pode acontecer a qualquer um. Há indivíduos que crescem com alguma habilidade que os destaca entre milhões de outros, mas não crescem como pessoas. Tornam-se astros do futebol, da canção, do malabarismo, das telas, dos palcos e até dos púlpitos, mas deixam a desejar como pessoas. Alegram as multidões com sua arte e seu talento, mas não conseguem fazer uma esposa ou um filho feliz. Seus custosos divórcios e suas uniões pouco estáveis mostram seu imediatismo. Governam-se pelos instintos ou por objetivos curtos e efêmeros.

Roubam, exploram, desviam, usam os outros, colocam-se acima da lei, mostram comportamento inconsequente, usam de violência, bebem, drogam-se.

O talento se desenvolveu, mas a pessoa, às vezes, até retrocede. Ganham salários astronômicos e muitas vezes por sua falta de alteridade mais complicam que ajudam quem os contratou. Não é raro ver e ouvir na mídia notícias deste ou daquele astro, desportista ou cantora que se drogou, que matou, que morreu de overdose.

São formigas não desenvolvidas que cortaram pedaço de folha maior do que saberiam ou poderiam levar.

Personalidades fracas, que cedem a qualquer dose a mais, põem em risco sua credibilidade e seu talento. Lembram a menina que foi buscar água no poço, mas chegou a casa de balde vazio. Tinha furos demais que ela não soube reparar... São assim os indivíduos cheios de furos. O conteúdo escapa pelas paredes malvedadas de seus reservatórios...

96
A LINHA DA SENSATEZ

PZ

Há um sinal vermelho nas esquinas que avisa: "Não passe"! Alguém pode ser gravemente ferido. Há nos cruzamentos das cidades uma linha de sensatez e um sinal que define uma das regras do ir e vir. A meu ver, a linha da sensatez foi rompida por alguns protagonistas da pregação midiática em quatro pontos fracos: conteúdo da pregação; a imagem do pregador; o preço da pregação; invasão na pastoral alheia.

E não apenas na Igreja Católica, acontece também em muitas igrejas pentecostais. O uso de uma pseudopsicologia em nome da fé invadiu a pregação. É pseudopsicologia que se pretende passar por aconselhamento inspirado na Bíblia. Mas desobedece a normas mais elementares desta ciência que, praticada por quem de fato a estudou, poderia ser de grande valia para a fé. Centrada como está no milagroso, na promessa, na falsa certeza e no milagre com hora e lugar marcado, descambou para o charlatanismo. Pior ainda quando, pela mídia, um pregador invade a igreja do outro e impõe, por pesado marketing, sua maneira de crer e carreia para sua obra o que de direito pertence à igreja local que acompanhou e acompanha aquele cidadão. Quando o pregador, ao invés de cooperar, sobrepõe-se à pastoral da Igreja local, foi cruzada a linha da sensatez.

O quesito conteúdo

Mas é o quesito conteúdo que tem preocupado os formadores do clero e de leigos missionários, entre eles, os cantores da fé. Quem se desse ao trabalho de gravar programas de rádio e de televisão que reúnem multidões e os analisasse, perceberia que muitas devoções e afirmações fogem à solidez da doutrina católica. Não dá para silenciar quando pregadores oram "para que Deus possa abençoar" alguém; ou quando expulsam "o demônio da dengue com seus mosquitos do país"; ou quando afirmam que na eucaristia "se pode comungar o sangue de Maria que tem o mesmo DNA do Cristo".

Não dá para silenciar quando pregadores oram para a coroa de espinhos, para o lado aberto, para o coração transpassado, para os joelhos esfolados e para os pés feridos do Cristo. Nunca explicam que, na verdade, estão falando com o Deus Uno e Trino, e não com uma parte do corpo de Jesus. E não dá para silenciar quando um poderoso pregador divide o Deus Uno e Trino em departamentos e garante que quem criou foi o Pai, quem nos salvou foi o Filho e quem nos inspira é o Espírito Santo, mas não explica o sentido das atribuições. Em seu discurso mais parece distribuição de funções do que atribuições. Os cantores que compõe letras que secundam essas imprecisões contribuem para divulgá-las.

Qualquer pregador que leu teologia é mais cuidadoso em atribuir funções a cada pessoa da Trindade Santa. Na pregação de alguns, a impressão que se tem é que falam de três deuses e não do único Deus, que é Trindade Santa. Não estão em terreno sólido.

Uma das canções sobre a Trindade começava em nome do Deus Pai, do Deus Filho e do Deus Espírito Santo. Não é cristianismo. Ao saudar três deuses, pregava-se o politeísmo.

O púlpito apócrifo

Outras pregações misturam escritos apócrifos com os evangelhos e as epístolas. Direto do Livro de Enoque, um dos apócrifos da Bíblia, isto é, um dos livros não aceitos pelos cristãos, há uma canção que dizia nos anos 1960, numa peça que falava dos anjos bons e dos maus: Os duzentos anjos que desceram do Hermon, amaldiçoaram as mulheres e os homens deste mundo. E semearam ódio e sedução e derramaram sangue dos mortais. E Miguel, Uriel e Rafael, anjos custódios, vieram libertar a humanidade...

Recentemente, um pregador pentecostal dizia que "Deus abriria as comportas dos depósitos de bênçãos do céu e as derramaria sobre as obras e os trabalhos dos filhos dos homens". Um computador me ajudou a encontrar o texto no Livro dos Anjos, primeira parte do Livro de Enoque, capítulo 11. Um pregador dos evangelhos estava citando um livro apócrifo...

Um jovem sacerdote católico contou a história de Nossa Senhora menina com detalhes encantadores. Perguntado sobre onde achara aquela história de Ana, a avó materna de Jesus, e de Maria, a mãe, disse que aprendera na infância. Computadores e livros ajudam. A história que ele não sabia de onde tirara: do "Protoevangelho de Tiago", um livro apócrifo. O livro não faz mais que prolongar e fantasiar o que está no começo do Evangelho de Lucas. Quem quiser pregar ficção, divulgue aqueles livros que são ricos de imaginação. Quem quiser centrar sua pregação no conteúdo do Cristo deve buscar outras fontes...

Cantores habilitados

Dou minha opinião. A meu ver, falta um exame de habilitação para muitos que pregam na grande mídia. Um ENEM da fé ajudaria a melhorar a imagem da Igreja nesses veículos. Sobre a imagem elaborada dos novos pregadores e sobre o dinheiro da pregação, vale outro capítulo. Mas para quem nos segue neste livro sugiro uma reflexão sobre o grau de conhecimento e o tipo de leituras da fé que alguns pregadores novos andam a fazer. Leem teologia? Leem os documentos oficiais da Igreja? Estão passando trechos da Bíblia e dos Documentos Católicos ou estão sorrateiramente contrabandeando doutrinas erradas sobre anjos e demônios, sobre Maria e outros personagens tirados dos mais de 40 livros apócrifos da Bíblia. Não percebem que estão cantando e pregando desvios?

Aquele compositor que escreveu duas canções sobre a Assunção de Maria deveria dizer de onde o tirou. Dos apócrifos da Assunção, livros não aprovados nem pela Tradição, nem pelos cânones das Igrejas cristãs. Nenhum pároco deixaria cantar aquelas letras. A canção fala dos que ressurgiram das tumbas para ver a assunção de Maria e de João e Pedro, Marcos e Mateus vieram ver o trânsito feliz de Maria para o céu. No céu, Isabel, Ana, Abraão, Isaac, Jacó e Davi cantavam aleluias para recebê-la...

A escolha e as letras dos cantos deveriam ser examinadas por teólogos e biblistas competentes antes de serem cantadas nas igrejas. Não é o que acontece!

A imagem elaborada dos novos pregadores

Falemos da aparência ou da imagem dos pregadores e cantores da fé. Tem mesmo é que ser bem elaborada. Nem demais, nem de menos. Ao pregador que ia de cabelos malcuidados, de chinelo e de camisa aberta pregar nos templos, sucederam três tipos de novos pregadores: o de roupa bem-cuidada e modesta; o de rosto e corpo produzido para palcos e televisões com trajes de grife; e o jovem de calça jeans e *clergyman* colorido, alguns deles vermelhos, amarelos ou tons maravilhas.

Ousado? Sim. Certo? Errado? Aí teríamos de consultar os manuais de formação do clero e a opinião dos bispos sobre a imagem que esperam que os novos comunicadores projetem. É claro que a aparência, os trajes e a postura pesam na pregação da fé. Talvez a proposta tenha de ser mais bem elaborada, porque os pregadores e cantores causam impacto ao mesmo tempo positivo e negativo a partir dos trajes que usam. Rapazes, moças, sacerdotes. Os que criam sua própria indumentária deveriam estudar mais psicologia e sociologia. Resta ver se, ao posar como posam nas capas de discos e livros e ao usar vinte ou trinta fotos de si mesmos num simples CD, estão dispostos a pagar pelo desdobramento das posturas que assumem.

Muitos são jovens e não veem nada de errado em usar um jeans apertado e colante ou em vestir camisas de colarinho clerical com cores berrantes. Entendem que apenas capricham no visual que serve de introdução a sua mensagem. São dados em espetáculo ao mundo e aceitam pagar o preço de uma era com forte acento no visual e no sensual. Mostram-se para mostrar. Fazem-se atraentes para atrair.

Em meu tempo de pregador jovem, anos 1960-1990, o acento no visual era menor, embora a aparência desleixada, para alguns pregadores, era sinal de pobreza e de associação com os mais pobres. O contraste – e eu o presenciei vezes inúmeras – é que os pobres vinham com roupa pobre, mas bem-cuidada, para ouvir um padre jovem de chinelo e barba por fazer, camisa aberta e intitulando-se arauto e pregador da libertação. O testemunho de pobreza era autêntico num bispo como Pedro Casaldáliga, que nunca foi desleixado em sua pobreza marcante; ficava bem num singelo Cardeal Dom Paulo Arns, bem-vestido, mas de roupas simples. Ficava bem num pobre Dom Helder, com sua batina surrada, mas sempre limpa. Aquilo era testemunho consciente. Em outros casos havia sinceridade e pureza. E outros põem, era marketing, coisa de personagem de "Vidas Secas", "Morte e Vida Severina" ou de "Grande Sertão e Veredas", mais do que de teologia da libertação. Nem todos fizeram a gênese da aparência e da transparência. Recomendo a nossos leitores os livros de Jean Baudrillard: *Tela Total* e *A Transparência do Mal*. Ajudam a analisar o impacto na imagem do cantor ou do pregador na mídia.

O pobre cantor Francisco

Várias vezes me perguntei se, caso o pobre Francisco e o libertador Vicente de Paulo vivessem em nossos dias, vestiriam-se daquela forma. Que mensagem passariam com seus trajes? Hoje, vejo sacerdotes jovens ultraproduzidos, passando alegria e juventude e seguros de que se vestir de maneira chamativa é testemunho; vejo outros razoavelmente bem-vestidos, mas pobres, a se misturar com o povo. Vejo também comunicadores sacerdotes ou leigos a subir no palco e a descer sem se misturar ao povo. Alegam que há perigo de tumulto. E há, talvez, por conta da imagem que passaram, aceitando os padrões do marketing moderno, os que primeiro criam o mito e depois vendem as mensagens do mito. É o preço do visual exacerbado, tanto para a atriz, como para a modelo, quanto para o pregador que se expuseram. Quando o mensageiro fica maior que a mensagem, questione-se o mensageiro e, a seguir, o tipo de mensagem que ele passa. Se a maior parte da mensagem é ele, então a catequese foi rompida.

97

O DINHEIRO DA PREGAÇÃO

PZ

O preço da canção religiosa nos últimos dez anos inflacionou a fé, desde que gravadoras laicas puxaram para si este mercado, atraindo para lá alguns pregadores que lhe trouxessem resultado econômico. Investiram neles e agora colhem o preço. As igrejas cristãs não tinham como investir dessa forma.

O assunto é ultradelicado, tão grande quanto o tamanho da imagem projetada por alguns novos pregadores da fé. Sei de bispos e padres idosos que preferem fugir do assunto, porque geraria conflitos desnecessários. Conto a história de um bispo que me pede que fale e escreva para provocar reflexão, mas que prefere ficar no anonimato. O leitor e os envolvidos concluam!

Uma diocese pobre do nordeste arrecadou, em determinado mês, a quantia de 67 mil reais, vindos de paróquias, investimentos e alugueres. Contabilizou o esforço coletivo de cerca de 104 padres e religiosas e pouco mais de 20 paróquias. Foi a arrecadação daquele mês. Em um daqueles sábados, um único sacerdote vindo de fora levou com sua equipe quase três vezes mais por menos de duas horas de atuação. O pregador e os cantores de fora valeram mais em duas horas de atuação que os 104 agentes de pastoral em um mês de serviço ao povo daquela diocese.

Dizia o bispo que não foi consultado pelo padre que organizou o show. Por ele, o justo seria recompensar os cantores e o sacerdote visitante com dinheiro a ser combinado pela diocese. Deveria ter havido conhecimento prévio do bispo. A parte maior da arrecadação deveria ficar na diocese pobre. Descontadas as despesas da viagem, da hospedagem e do palco, 60% deveria ficar na diocese e 40% para os visitantes convidados. Foi a opinião do bispo, magoado com a disparidade injusta que faz um pregador e cantor valer mais que todos os pregadores e agentes de pastoral da diocese. Quem formou aquele povo foi a diocese, mas quem levou o dinheiro foi o visitante.

Questão de justiça

Os preços da canção, as arrecadações, o enriquecimento visível de alguns cantores que nunca prestam contas do dinheiro arrecadado são temas de conversas entre bispos, sacerdotes e leigos que observam que o preço da pregação e da canção inflacionou astronomicamente, por conta do novo marketing da fé.

Especialistas em comunicação, em economia e em pastoral analisam os fatos e começam a se pronunciar. Há indivíduos ganhando mais que seu sustento com a canção e a pregação. Estão enriquecendo e indo em direção contrária à dos apóstolos e discípulos de Jesus. A mais valia tem tomado conta de algumas teologias modernas. Talvez esteja na hora de os bispos estabelecerem um limite de ganho para quem atua em suas dioceses a convite de quem quer que seja. E talvez seja o caso de regulamentarem a presença de sacerdotes e leigos convidados, mesmo que o grupo que bancou sua vinda seja político ou laico. Assim mesmo, há uma hierarquia e uma jurisdição a serem observadas no caso dos missionários católicos. Cantor que se define católico tem de passar por esses canais apropriados. Se o bispo não quiser sua presença ali, não insista. Cante em outra freguesia e suba em outros palcos.

98

A CANÇÃO E SEUS MUITOS TROPEÇOS

PZ

Cito vinte, mas são muito mais. E deixo aos inteligentes leitores a tarefa de dissecá-los. Falo dos tropeços do cantor religioso: o iniciante e o antigo e experimentado cantor da fé. Somos humanos e estamos, todos, sujeitos a deslizes ou becos que acabam em desvios. Não há quem garanta que não errará na canção e nas consequências dela, porque cantar tem efeitos centrais e colaterais... Se cantar já foi missão fácil, faz tempo que não é mais. Quem quiser ser artista católico e cantor superficial ainda consegue, mas quem deseja ser porta-voz da Igreja, com seu canto bem-escolhido e bem-executado, e ainda por cima quiser se declarar ministro da canção, terá de pensar nos outros ministérios. Por que haveria de o ministro cantor ser mil vezes mais valorizado que o ministro dos enfermos ou o ministro da Palavra? A canção vale mais?

O cantor católico deveria saber o que o espera: estudo, aprofundamento, leituras, exercício permanente de paciência e trabalho cansativo. Não espere ser compreendido em tudo o que fizer e em todas as decisões que tomar, porque grupos de igreja e comunidades, às vezes, esperarão do cantor mais que ele é capaz de dar. Mas ele mesmo deve examinar-se cuidadosamente, à luz da fé, como propõe Paulo em 2Cor 13,5, se o que está fazendo é fé ou marketing da fé.

Perguntemo-nos todos:

1. O que estou fazendo é fé ou apenas marketing da fé?
2. O que e quanto estou ganhando com meu ministério?
3. Como e em favor de quem estou aplicando o que ganho com a canção religiosa?
4. Subo ao telhado (Mt 10,27) para que mais gente me ouça ou mais gente me aplauda?
5. Tornei-me tudo para todos, para salvar a todos ou para vender mais a todos?
6. Gasto quanto tempo anunciando meus produtos e quanto anunciando os documentos da fé?
7. Anuncio meus produtos até durante as celebrações?
8. Pago o dízimo do que ganho à Igreja ou fica tudo comigo?
9. Pago bem os músicos que me acompanham? Sigo a lei?
10. Valorizo os outros cantores, outras bandas e católicos de outra linha de espiritualidade?

Discutamos eventualmente sobre:

1. Noção errônea de canção religiosa.
2. Marketing mundano aplicado à missão de fé.
3. Importância excessiva de números e cifrões.
4. Dinheiro demais em nome da fé.
5. Canção a serviço do charlatanismo.

6. Vedetismo e estrelismo.

7. Mitização e endeusamento do cantor ou da cantora.

8. Excessivo profissionalismo; excessivo amadorismo.

9. Falta visível e risível de leituras e estudo da fé.

10. Repetições exaustivas e sem fundamentação.

11. Falta de oração antes, durante e depois.

12. Excesso de oração durante.

13. Cantores que posam de videntes e revelados.

14. Cantores que disputam lugares e troféus.

15. Cantores que jamais citam as fontes.

16. Excesso de testemunho pessoal.

17. Cantores de um só tema.

18. Desunião de grupos e linhas de espiritualidade.

19. Pseudocaridade: deixar 5% na diocese e depois dizer que o show foi beneficente.

20. Erros denunciados por especialistas, mas mantidos por teimosia do cantor.

99

PRECE PELA UNIDADE DOS CANTORES

PZ

Pai de Jesus Cristo e nosso Pai!
Fizeste de nós cristãos
católicos e missionários da canção.
Deste-nos o gosto pela música
e a chance de cantar os teus louvores,
as alegrias e as dores de nosso povo.

Cremos que gostas de música,
porque criaste os sons da vida,
as harmonias e as vozes do universo.

Diante do teu povo que veio cantar conosco pedimos,
mais uma vez, as tuas luzes,
para que possamos falar a palavra certa,
do jeito certo, na hora certa
e para a pessoa certa;
cantar a canção certa, do jeito certo,
na hora certa e para a pessoa certa.

Põe tua música em nossos ouvidos,
em nossos corações e em nossa garganta,
para que, neste show de músicas religiosas
que agora começamos com o teu povo,
sejamos teus ministros e teus porta-vozes.

Abençoa todos os cantores do mundo
e todos os nossos irmãos e irmãs
que fizeram da música a sua profecia...
Tudo isso te pedimos por Nosso Senhor Jesus Cristo
que também cantava salmos e hinos
e que contigo vive e reina na unidade do Espírito Santo.

100

CANÇÃO DE PAZ INQUIETA

PZ

Quando o lobo e o cordeiro beberem juntos,
sem o lobo devorar o cordeiro
e sem o cordeiro precisar temer o lobo;
quando judeus e palestinos beberem da mesma taça;
quando católicos e evangélicos partirem juntos o pão do céu
e distribuírem juntos o pão do pobres;
quando entre todos os cristãos a palavra política
não soar como palavrão, e sim como meio para mudar um povo;
quando as esquerdas e as direitas do mundo se encontrarem
para umas aprender com os acertos e os erros das outras;
quando ninguém achar que sabe tudo sobre Deus
ou tudo sobre economia e política;
quando ninguém mais passar fome, ninguém for torturado,
e os bandidos forem derrotados pela lei e pela ordem;
quando os meios de comunicação não mais ensinarem violência;
quando o corpo e o sexo forem coisa de respeito
e a sacanagem não tiver mais lugar na televisão e nas revistas;
quando o salário mínimo der para comer, estudar e se vestir;
quando as religiões não mais se agredirem e tiverem aprendido
a orar juntas e a buscar juntas as soluções para a dor humana;
quando ninguém mais puxar tapete de ninguém,
ninguém pisar em ninguém;
quando os aparecidos aparecerem menos
e os desaparecidos começarem a aparecer um pouco mais;

quando os ricos forem menos ricos e os pobres menos pobres;
naquele dia eu cantarei canções de louvor 24 horas por dia.

Agora não dá. Há dor demais ao meu redor
para eu só cantar louvores.

Respeito, quem acha que isso é possível e até recomendável.
Mas penso que quem não canta a justiça e a paz como convém
também não canta direito nem o aleluia nem o amém.
Um não existe sem o outro!

Sou da Igreja que elogia, mas que também denuncia!
Sou da Igreja que canta o Cristo Senhor e salvador pessoal,
mas que não deixa de cantar, também,
o Cristo que muda os povos.

O tempo dirá se estou errado ou certo!
Agora, eu já sei o que diz a Bíblia!

101

MEUS CINQUENTA ANOS DE CANÇÃO

PZ

Sou conhecido por muita gente por minhas canções, mas, para ser padre, faço muito mais que isso. Eu certamente conseguiria ser padre sem as canções que escrevo. Não vejo a canção como parte essencial de meu ministério. Fui ordenado, entre outras coisas, para pregar a Palavra de Deus, mas o bispo não me mandou cantar. Nem tocou no assunto. A canção, contudo, pode ajudar ou atrapalhar, embora mais ajude que atrapalhe.

Nunca me declarei padre cantor, para que o povo não fizesse comigo o que faz com os cantores populares. Às vezes, idolatra--os. Não subo naquele palco para receber luzes de holofotes e ser o centro das atenções, mas para fazer o povo cantar e pensar. Minha missão não é apenas levar alegria e distrair o povo. É fazê-lo pensar e agir como Igreja. Sou padre e catequista. Minha missão é repercutir a doutrina e a vivência da Igreja. Se a canção ajudar, eu canto. Se souber que vai atrapalhar, não a canto. Por isso, se eu não puder pregar a Palavra, também não a canto. Se quem me convida diz que só terei espaço para cantar sem falar, não vou.

Para mim, pregar não é a mesma coisa que cantar. Meus superiores me liberaram para o ministério da pregação e não da canção. Não estou designado para cantar, e sim para pregar; isto pode ser falando, escrevendo ou cantando. Pode ser, mas não tem de ser. Os bispos me chamam porque, além de minhas canções, sabem que falarei ao povo sobre temas do momento. Analisam minhas canções e sabem que elas tentam refletir os temas fortes da fé e da época. Com o ministério de divulgar os pronunciamentos e doutrinas de nossa Igreja estou comprometido e para isso fui ordenado padre. O ministério da canção ainda não foi criado na Igreja. Então, não há padres cantores. Há cantores leigos que, embora usem a palavra ministério, não são investidos pelos bispos dessa função. Seria bom se isso acontecesse algum dia, mas por enquanto ainda não aconteceu. Ainda não temos ministros da canção nem ministros do canto católico.

No Antigo Testamento havia sacerdotes cantores. Muitos. Na Igreja Antiga, com exceção do Diácono Efrém, Sírio, não se fala de ministros que cantam. Santo Efrém não era sacerdote. A música na Igreja de hoje não está associada ao ministério sacerdotal. Não existem, pois, padres cantores. Há padres que cantam quando podem, mas não devem viver só de cantar. Deles se espera que preguem e elucidem as palavras do Livro Santo e os documentos da Igreja. Somos explicadores, transmissores e motivadores da catequese da Igreja. Se alguém quiser fazê-lo cantando, a Igreja o apoia, desde que não apareça mais que o Cristo. Mas se alguém quisesse viver só disso, seria questionado pelos demais padres. Católico leigo, artista e cantor se justifica. Padre que só faça isso, não faz sentido. Dele se espera que exerça também os outros ministérios. Padre que só canta não dá certo.

Esses dias, um radialista pediu que eu definisse meu papel de cantor e padre que faz música na Igreja, já que tem aumentado o número dos padres que usam a música para evangelizar. E eu disse que sou um católico que, enquanto se preparava para ser sacerdote, descobriu que sabia compor melodias e associá-las aos textos da Bíblia e aos documentos da Igreja. Aprendi essa linguagem, fui ordenado padre e percebi que cantar ajudava a pregação.

Resolvi colocar em canção o que meus irmãos mais cultos escrevem, conceitos que nossos teólogos, filósofos, sociólogos e liturgistas emitem. Eu sei musicar e popularizar o que eles dizem, e é o que faço. Formei grupos de leigos cantores que pudessem tocar, cantar e subir ao palco comigo, e decidi salientar o talento deles. Eles são artistas. Eu não. Eu sou padre! Nunca me declarei cantor, mas aceito o título de padre compositor, escritor e professor. Entreguei canções e ideias para os outros executarem. Nunca dei meu telefone ou endereço pedindo que me convidem para cantar. Não me promovo como cantor, mas quando alguém que me vê na televisão católica ou no rádio e gosta do que digo me convida, eu aceito ir. Canto como serviço, sabendo que não sou um cantor. Eles são!

Sempre que pude, fugi do estrelato e dos holofotes, conduzi minha própria carreira, não aceitei o marketing das gravadoras, combinei com as Edições Paulinas que só iria aonde achassem que deveria ir, preservei minha liberdade de pregador que faz a própria agenda, fiquei ao lado dos cantores pregando muito e cantando um pouco, enquanto eles e o povo davam o show. Faço tudo para que apareçam os leigos, a canção e o povo. É uma escolha que eu fiz desde cedo. Há padres que optam por outro caminho, revelando seu talento de artistas e usando de sua imagem para chamar o povo, e devem ser respeitados por isso. A Igreja não fez nenhuma lei sobre os padres que vão à televisão. Até acho que deveria, por se tratar de um ministério muito exigente que expõe de maneira gritante a figura do padre. Um dia talvez faça, mas por enquanto não há na Igreja esta categoria: a de padre cantor, artista ou midiático. Se houver, vai ser bom para os sacerdotes que sentem este chamado especial em sua vida.

Chego aos cinquenta anos de canção com um pôster que lista todas as músicas que já gravei no Brasil. Analisando os temas abordados, percebo que Deus me deu uma grande graça: a de colocar melodia em temas profundos da fé para que o povo os aprenda. Revejo a missão e a biografia de Santo Efrém e vejo que é um caminho forte de anunciar Jesus. Pode também ser perigoso, se o padre se colocar como o centro do show ou da liturgia e aparecer mais que os evangelhos, mais que o altar, mais que o povo e mais que o Cristo. Continuarei atento para que isso não aconteça.

Por enquanto, peço aos que veem valor em minhas canções, que orem por mim, para que eu ponha a canção e os livros que escrevo em seu devido lugar em minha vida e em meu ministério. São instrumentos. Apenas instrumentos. Se não derem certo, a gente corrige, retira de circulação ou substitui por outros. E se alguém achar que meu jeito de pregar a Palavra ou cantá-la já não serve mais para sua comunidade, chame outros. Há muita gente boa por aí. É para isso que temos bispos, párocos e sacerdotes a serviço das Igrejas. Estou a serviço. Se a Igreja não precisar mais de minhas canções e de minhas pregações, depois de cinquenta anos, podem ter certeza de que sei fazer outras coisas a serviço do povo de Deus. Eu fazia tudo isso quando meus superiores pediram que me tornasse missionário na multidão e professor de comunicação.

Em resumo: foi bom, mas não subiu à cabeça. A canção nunca se tornou essencial em minha vida. E não o será. É um pequeno instrumento numa Igreja que tem profecias muito maiores que a da canção. Digam isso aos irmãos que cuidam de drogados, mães solteiras, hospitais, povo de rua e escolas. Eles são mais profetas do que nós que cantamos. E se nossa canção não ajudar a profecia maior do louvor litúrgico e da caridade para com os pobres, então não vale a pena cantá-la! Que se exaltem as outras profecias e os outros profetas! Não nos diminuam nem nos supervalorizem, só porque cantamos bonito e animado e sabemos segurar o povo algumas horas num estádio ou numa praça. Continuamos a ser profetas menores. A canção foi, é e será coisa de profeta menor. Entre ouvir um álbum com minhas doze canções e ler um trecho do catecismo ou de uma encíclica, leiam o catecismo e a encíclica. Mas se quiserem depois ouvir as canções que ilustram o que acabaram de ler, ficarei feliz. É para isso que as escrevo!

ANOTAÇÕES